なるにはBOOKS
別巻

製品開発ストーリーから職種を学ぶ!

会社で働く

松井大助 著

ぺりかん社

会社で働く　目次

プロローグ　ストーリーを読み進める前に

1　「会社員」がおりなす物語……8
2　登場する「会社」と「職種」……12
3　「商品をつくる」とは？……16
4　「商品を届ける」とは？……18
5　「仲間を支える」とは？……20
6　「商品」と「製品」の違い……22

第1章　商品を形づくる

Scene 1　新商品企画会議……26

CLOSE-UP
メーカーの商品企画……28
メーカーの研究……32
メーカーの開発責任者……36

Scene 2　製品開発計画……40

CLOSE-UP
メーカーの製品デザイナー……42
メーカーの機械・電気設計……46
メーカーのソフトウエア開発……50

第2章 商品を届ける

Scene 3 Web制作会議 …… 54
CLOSE-UP
Web制作会社のディレクター …… 56
Web制作会社のプログラマー …… 60

Scene 4 生産調整会議 …… 64
CLOSE-UP
メーカーの生産技術 …… 66
メーカーの製造 …… 70
メーカーの生産管理 …… 74
メーカーの品質保証 …… 78

Scene 5 プロモーション戦略会議 …… 84
CLOSE-UP
メーカーの販売企画 …… 86
メーカーの宣伝 …… 90

Scene 6 売場づくりの勉強会 …… 94
CLOSE-UP
メーカーの営業 …… 96
百貨店のバイヤー …… 100
百貨店の売場マネージャー …… 104

Scene 7 災害時の輸送対応 …… 108
CLOSE-UP
メーカーの物流管理 …… 110
運輸会社の物流事務 …… 114
運輸会社のトラック運送 …… 118
運輸会社の保守管理 …… 122

第3章 仲間を支える

Scene 8 取材対応の打ち合わせ …… 128

CLOSE-UP

メーカーの広報 …… 130

メーカーの人事 …… 134

メーカーの工場総務 …… 138

Scene 9 経営戦略会議 …… 142

CLOSE-UP

メーカーの経理・財務 …… 144

メーカーの法務 …… 148

メーカーの社長 …… 152

エピローグ ストーリーの締めくくりに

1 それぞれの会社の後日譚 …… 158

2 会社は何のために存在するのか …… 160

あとがき …… 164

[装丁] 図工室　[カバー・本文イラスト] カモ　[図版・図版イラスト] raregraph 山本 州

「なるにはBOOKS別巻」を手に取ってくれたあなたへ

「なるにはBOOKS」は、働くことの魅力《みりょく》を伝えたくて、たくさんの職業について紹介《しょうかい》してきました。「別巻」では、社会に出る時に身につけておいてほしいこと、悩《なや》みを解決する手立てになりそうなことなどを、テーマごとに一冊の本としてまとめています。

読み終わった時、悩《なや》んでいたことへの解決策に、ふと気がつくかもしれません。世の中を少しだけ、違《ちが》った目で見られるようになるかもしれません。

本の中であなたが気になった言葉は、先生やまわりにいる大人たちがあなたに贈《おく》ってくれた言葉とは、また違《ちが》うものだったかもしれません。

この本は、中学生・高校生のみなさんに向けて書かれた本ですが、幅広《はばひろ》い世代の方々にも手に取ってほしいという思いを込《こ》めてつくっています。

どんな道へ進むかはあなたしだいです。「なるにはBOOKS」を読んで、その一歩を踏《ふ》み出してみてください。

プロローグ

ストーリーを読み進める前に

1 「会社員」がおりなす物語

九つのシーンと、27人の会社員のインタビュー

この本では、会社で働く人たち、つまりは「会社員」と呼ばれる人たちが、ふだんはどんな仕事をしているのかを、あるひとつのストーリーに沿って紹介《しょうかい》します。

そのストーリーとは、**「家庭用ロボットをつくり、人びとに届ける」**というものです。

登場するのは、いろいろなタイプの27人の会社員。

その会社員たちが、ああでもない、こうでもない、と真剣《しんけん》に話し合っている、ある一場面を切り取る形で、**「九つのシーン」**をお届けします。

そしてそれぞれのシーンごとに、話し合いに参加していた会社員が、日々どんな思いでどのような仕事をしているのかを、「インタビュー」に答えるようにして語った記事を続けてご覧ください。

1年以上の年月のなかで、誰《だれ》が何を思い、どう動いたか

「家庭用ロボットをつくり、人びとに届ける」というのは、始まりから終わりまでたどる

と、1年以上かかる物語です。九つのシーンは、その長い年月のある時期に起きた、ほんのひと時のできごとでしかありません。

でも、そのある一場面と、そこに参加していた会社員それぞれのインタビューをすべて追いかけてもらえば、きっと、つぎのようなことをわかってもらえると思います。

会社員というのは、どんな仕事をしているのか。

その仕事のなかで、何を思い、どのようなことを感じているのか。

なぜ仲間同士で意見がぶつかることがあるのか。

その裏にある、それぞれの会社員の情熱やプライドとは。

ある商品を生み出し、人びとに届けるまでの間に、いったい、どれだけの会社員が知恵《ちえ》を出し合ったり、力を合わせたりしているのか。

いろいろな会社があるなかで、今回の舞台《ぶたい》となるのは

ところで、ひと口に「会社」といっても、世の中にはいろいろな会社があります。

それらをおおまかなタイプごとにまとめたのが、つぎのページのイラストになります。

今回、物語に登場するのは、このうちの「**ものづくりをする会社**」「**情報のやりとりを支える会社**」「**小売りをする会社**」「**物流や交通を支える会社**」です。

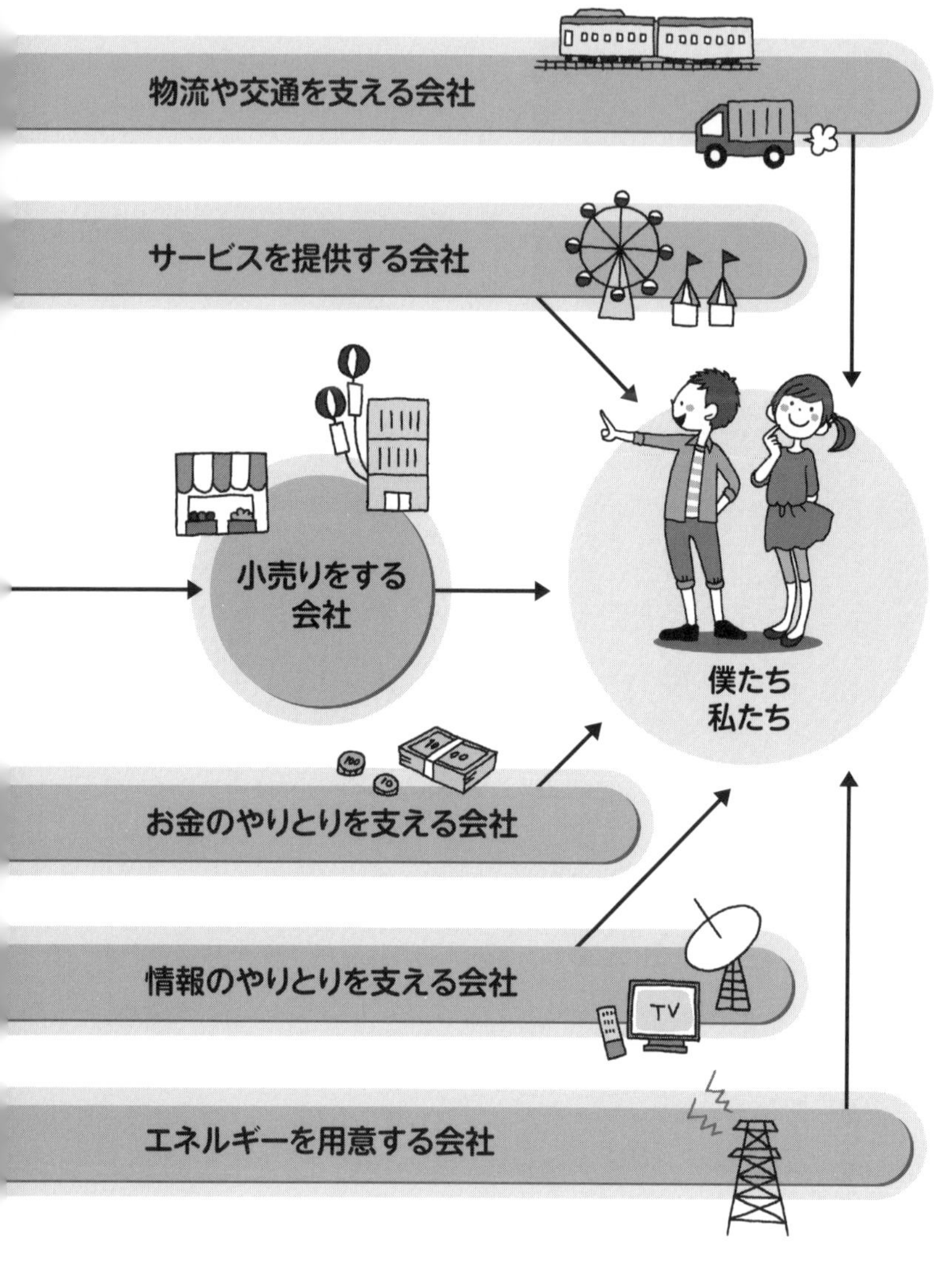
物流や交通を支える会社
サービスを提供する会社
小売りをする
会社
僕たち
私たち
お金のやりとりを支える会社
情報のやりとりを支える会社
TV
エネルギーを用意する会社

世の中にある会社のタイプ

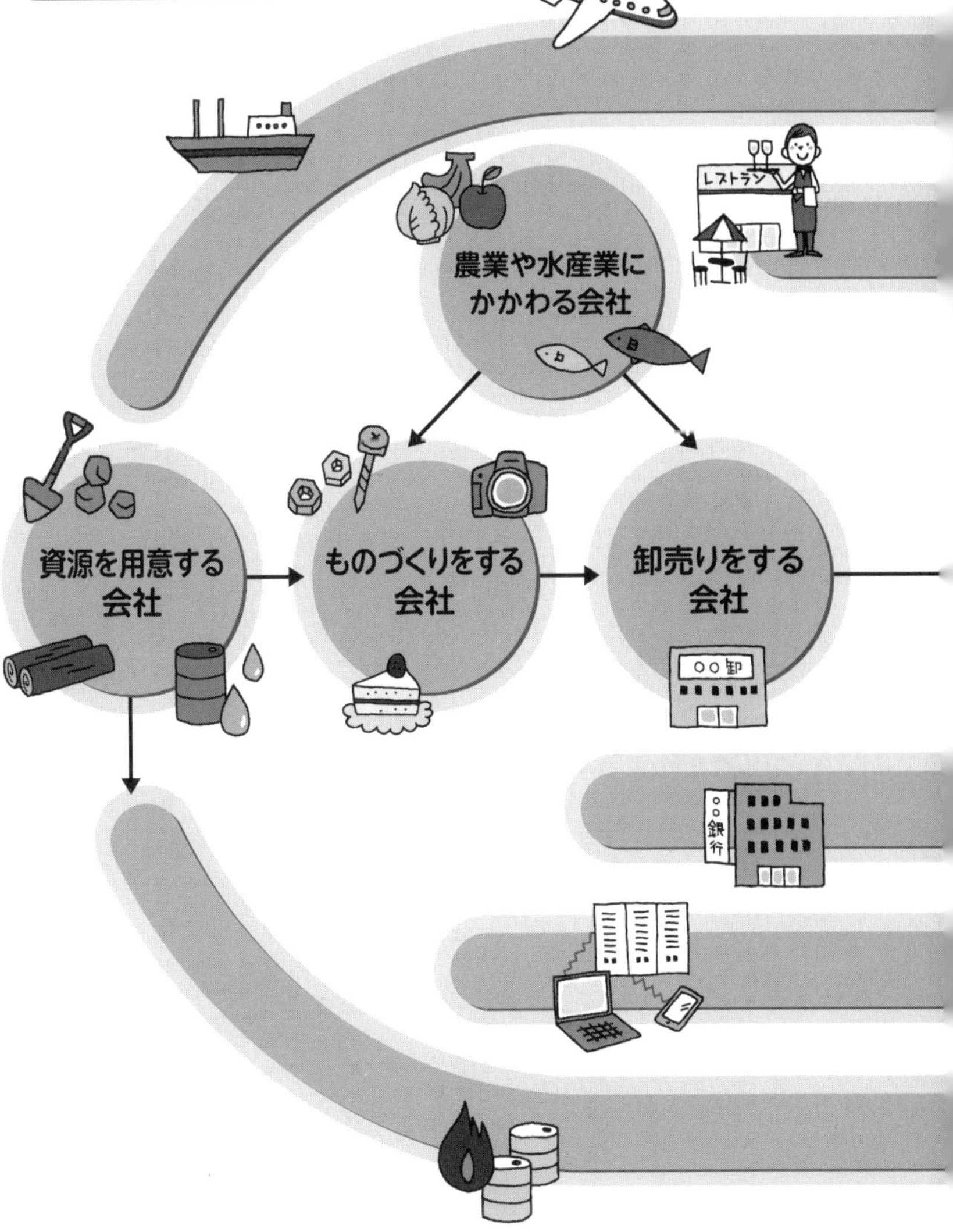

2 登場する「会社」と「職種」

四つの会社のプロフィールと、おたがいの関係性

物語に登場する四つの会社のプロフィールを紹介《しょうかい》しておきましょう。

●精密機械メーカーOWL（ものづくりをする会社）

カメラやプロジェクター、医療《いりょう》機器などの「精密機械」をつくっている会社です。半年前に、プロジェクターを搭載《とうさい》した家庭用ロボットeyes《アイズ》を発売しました。

eyesの売りは、プロジェクターのある頭部が360度動き、天井《てんじょう》や壁《かべ》をスクリーンにして自在に映像を映し出せること。しかも、天井《てんじょう》や壁《かべ》に凸凹《でこぼこ》があるとふつうは映像がゆがむのに、自動でゆがみを補正し、美しい映像にする機能を備えています。eyesにスマートフォンを無線でつなげば、そのスマホで見ていたWebサイトを、天井《てんじょう》や壁《かべ》に映すことも可能。発売当時、星空観察サイトとコラボレーションした「自分の部屋《へや》をプラネタリウムに」という宣伝も話題となり、メカ好きの男性を中心にスマッシュヒットしました。

その社内において、20～34歳《さい》の女性をメインターゲットに見すえて、2代目eyesの開発を進めることになりました。その企画《きかく》会議から、物語はスタートします。

●Web制作会社ホーク（情報のやりとりを支える会社）

企業《きぎょう》のホームページや、新商品の宣伝サイト、オンラインショッピングサイトなど、さまざまなWebサイトを制作している会社です。

初代eyesの発売にあたっては、そのeyesの宣伝サイトの制作を手がけました。

今回は2代目eyesの登場にともない、宣伝サイトのリニューアルを行うことになります。

さらにもうひとつ、「これまでにないWebサイト」の制作も依頼《いらい》されることに……？

●モズ百貨店（小売りをする会社）

全国に25店舗《てんぽ》をもつ百貨店です。大型の店舗《てんぽ》で、フロアごとに売場を分け、衣料品や化《け》粧品《しょうひん》、家具や雑貨、文房具《ぶんぼうぐ》や書籍《しょせき》、宝飾品《ほうしょくひん》、食料品などを売っています。

ほかの百貨店に先駆《さきが》けて、家庭用ロボットの売場もオープン。精密機械メーカーOWLからは、「売場の目立つところでeyesを売ってほしい」とアプローチを受けています。

●ハヤブサ通運（物流や交通を支える会社）

鉄道の旅客・貨物輸送から出発し、事業を広げて、トラックによる貨物輸送や、船による海上貨物輸送、飛行機による航空貨物輸送まで手がけるようになった運輸会社です。

2代目eyesの発売にあたって、日本全国への商品の輸送、および海外への商品の輸送をサポートすることになりました。

さまざまな職種と三つの役割

この四つの会社のそれぞれの職場では、さまざまな「職種」の会社員が働いています。職種というのは、文字通り「職業の種類」のことで、今回の物語に登場するのは、左の図のような職種の会社員たちです（似顔絵の下にある言葉が職種名です）。

どんな仕事をしているのかは、このあとのインタビューで確認してもらうとして、ここでは全体を見渡《みわた》せるように、三つのタイプに分類して、各職種の役割を紹介《しょうかい》します。

①商品をつくる

新商品のアイデアを練り、そのアイデアを実際に形にしていきます。図の「つくる」の枠内《わくない》にいる会社員は、そうした商品づくりを役割分担しながら進めています。

②商品を届ける

つくった商品に目をとめてもらい、買ってもらうために、商品の情報を届けたり、商品の現物を届けたりします。図の「届ける」の枠内《わくない》にいる会社員が中心となる分野です。

③仲間を支える

商品を「つくる」「届ける」ことをしている仲間の活動を、ヒト・モノ・カネ・情報など多方面から支えます。図の「支える」の枠内《わくない》にいる会社員が主役になる分野です。

4つの会社と登場する職種

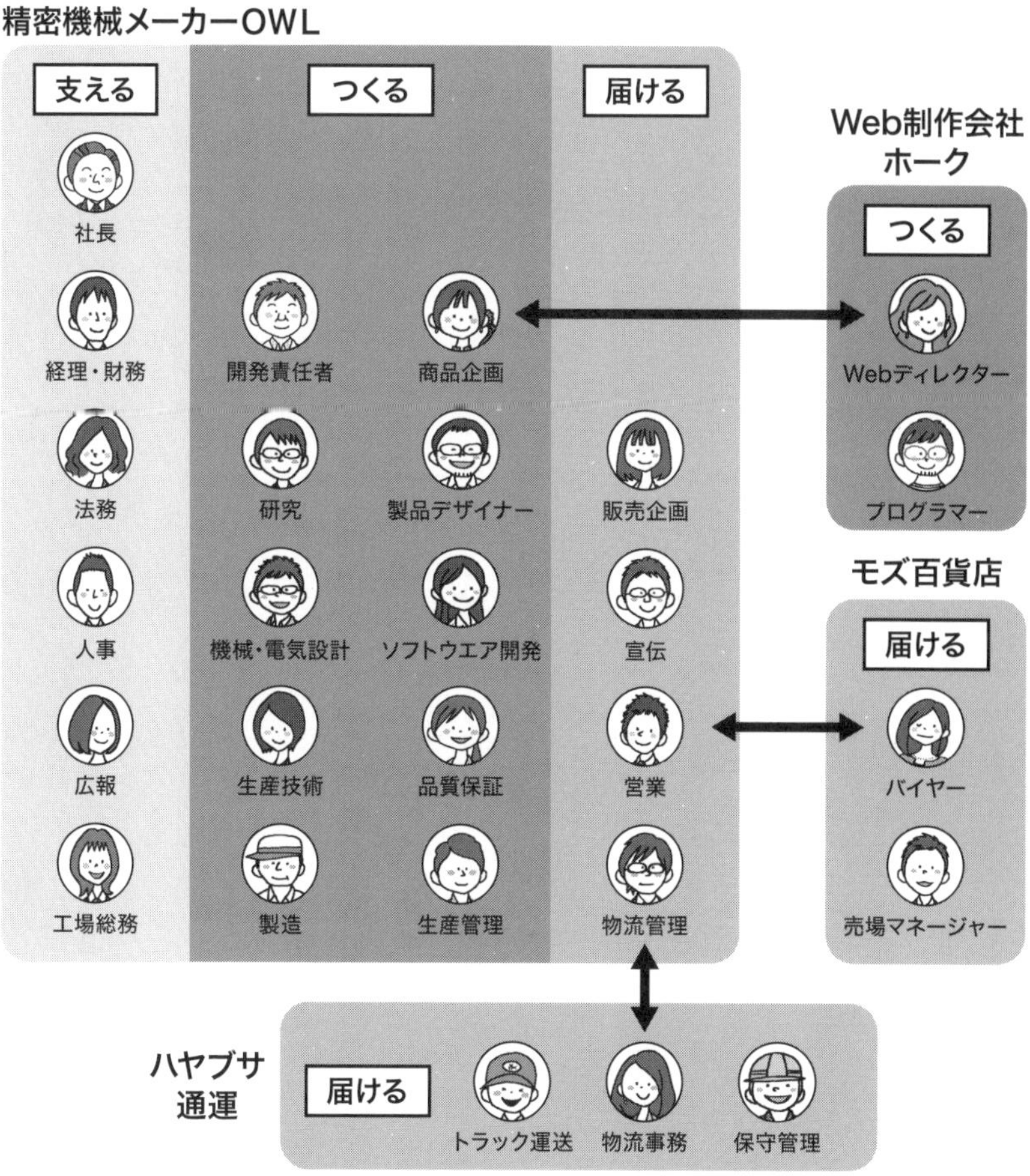

※矢印は会社を越えて特にかかわりあう職種

3 「商品をつくる」とは？

新商品を企画《きかく》し、形づくるまで

物語に入る前に、「商品をつくる」というのはどんな感じで進められるのか、一連の流れも押《お》さえておきましょう。そのプロセスは大きく3ステップに分けることができます。

①**研究・企画《きかく》**……画期的な商品を生み出せるような「技術を研究」します。また、世の中にまだないけれど、できてみればみんなが喜ぶような「商品の方向性を企画《きかく》」します。

②**構想・開発**……見定めた商品の方向性に沿って、「新商品の大枠《おおわく》を構想」します。どんな機能や性能をもった、どういうデザインの商品をつくるのか、と。思《おも》い描《えが》いた商品のデザインや構造については設計図や文書に落《お》とし込《こ》み、それをもとに「試作品も開発」します。

③**生産・制作**……デザインや構造が示された設計図や文書をもとに、工場では「製品や部品を生産」します。制作スタジオでは「ソフトウエアやWebサイトを制作」します。

この3ステップのうちの複数のプロセスにかかわる職種もありますが、それぞれの段階において中心になる職種といえば、左の図の通りです。第1章では、こうした「商品をつくる」ことにかかわる会社員が活躍《かつやく》します。

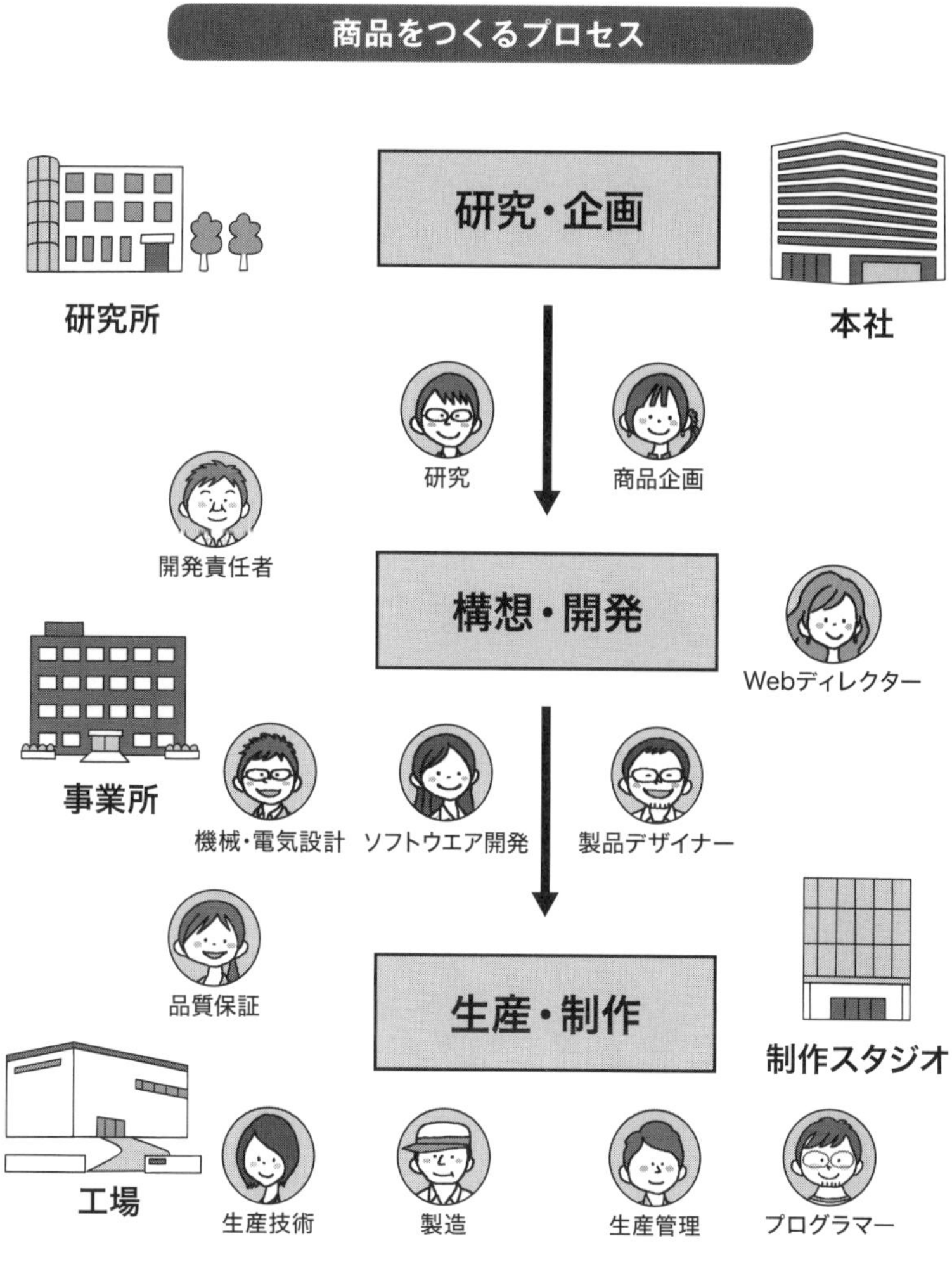
商品をつくるプロセス
研究・企画
研究所
本社
研究
商品企画
開発責任者
構想・開発
Webディレクター
事業所
機械・電気設計
ソフトウエア開発
製品デザイナー
品質保証
生産・制作
制作スタジオ
工場
生産技術
製造
生産管理
プログラマー

4 「商品を届ける」とは？

商品の「情報」と「現物」の両方を届ける

「商品を届ける」ということの全体像も示しましょう。商売やビジネスでは、商品にかかわるつぎの二つのものを届けることが必要になります。

①商品の情報を届ける……つくった商品の存在を、大勢の人に知らせて「買いたい！」と思ってもらえるように、商品の特徴《とくちょう》や魅力《みりょく》を発信します。情報の届け方はさまざまです。たとえば、テレビやインターネット、雑誌の広告。街中のポスターや看板、商品PRのためのイベント。お店の売場の商品展示や、販売員《はんばいいん》の商品説明などもあります。

②商品の現物を届ける……つくった商品を、トラックや列車、飛行機や船で運んで、全国や世界中の人びとに届けます。着実に届けるには、スケジュール管理、適切なルートの選《せん》択《たく》、事故を起こさない安全運転、道路や線路の保守管理などが欠かせません。

この二つの軸《じく》にかかわる仕事は数えきれないほどあるのですが、この本に登場するのは、左の図のような職種の会社員たちです。第2章では、こうした「商品を届ける」ことにかかわる会社員が躍動《やくどう》します。

商品を届けるプロセス

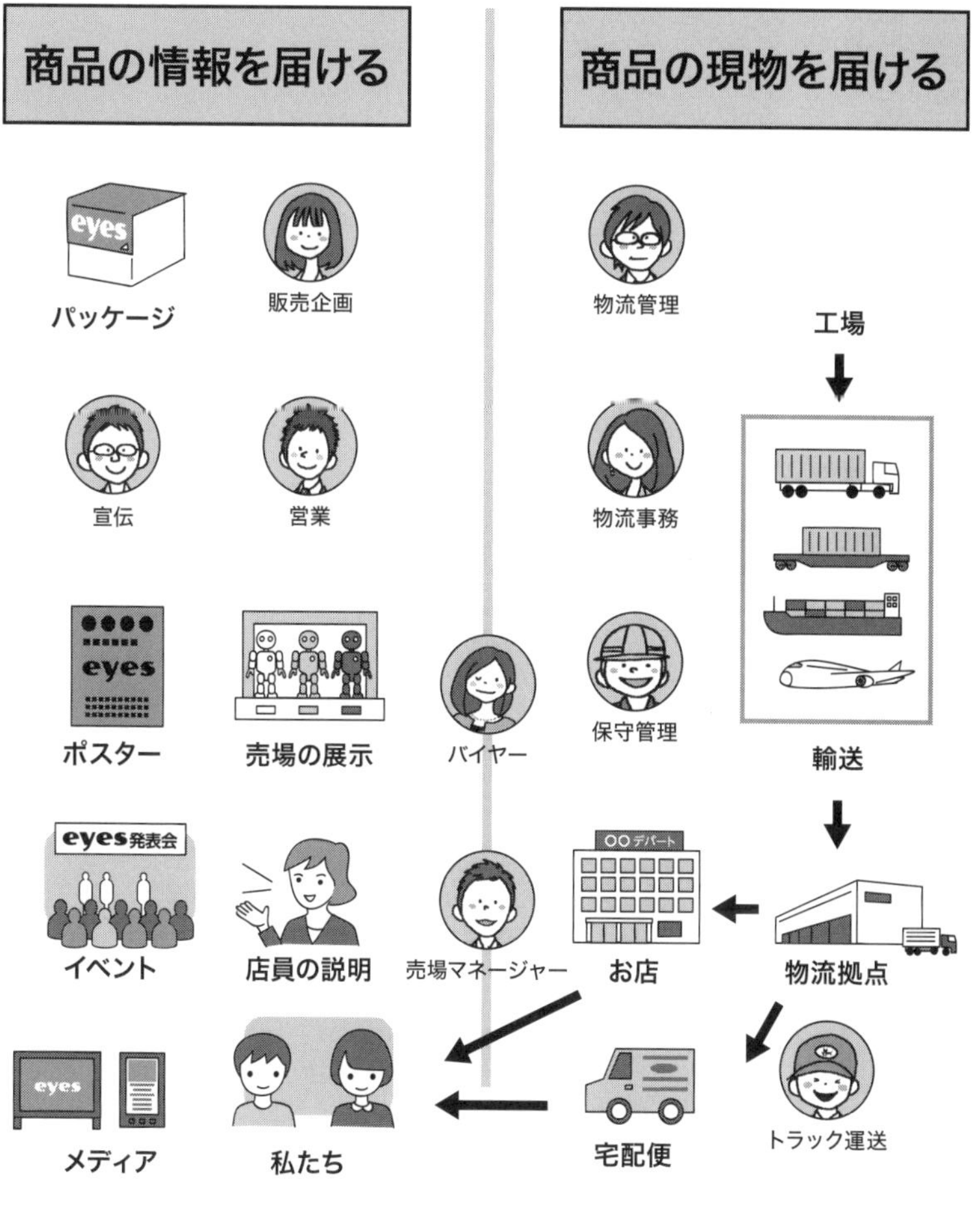
商品の情報を届ける
商品の現物を届ける
eyes
パッケージ
販売企画
物流管理
工場
宣伝
営業
物流事務
eyes
ポスター
売場の展示
バイヤー
保守管理
輸送
eyes発表会
イベント
店員の説明
売場マネージャー
○○デパート
お店
物流拠点
eyes
メディア
私たち
宅配便
トラック運送

5 「仲間を支える」とは？

必要なものをそろえ、成長をうながし、活躍《かつやく》しやすい場づくりも

「仲間を支える」とはどういうことをするのかも、簡潔に紹介《しょうかい》しておきましょう。

①仲間に必要なものを用意……ビジネスには「ヒト・モノ・カネ・情報」が不可欠とよく言われます。仲間が必要とするそれらのものを、募集《ぼしゅう》や交渉《こうしょう》、調査をして、用意します。

②仲間の課題を発見・改善……お金の使い方が甘《あま》いとか、体を壊《こわ》しかねない無理をしているとか、ルール違反《いはん》をしているとか、仲間の課題を見つけて改善をうながします。

③仲間が信頼《しんらい》される状況《じょうきょう》に……会社そのものがお客さまや取引先から信頼《しんらい》されていてこそ、社員は仕事をしやすくなります。そこをめざして、会社の情報を発信したり、地域貢献《こうけん》活動をしたりして、会社やその社員がまわりから信頼《しんらい》される状況《じょうきょう》をつくりだします。

④仲間が力を出せる空気に……会社の仲間がやる気をもって働けるように、わくわくするビジョンを示したり、公平な評価をしたり、社員の仲を深めるイベントを開いたりします。

これらのサポートをしているのが、左の図のような職種の会社員たちです。第3章では、こうした「仲間を支える」ことにかかわる会社員が表舞台《おもてぶたい》に立ちます。

仲間のいろいろな支え方

	仲間に必要なものを用意	仲間の課題を発見・改善	仲間が信頼される状況に	仲間が力を出せる空気に
リーダーとして 社長	社長同士の交渉		世間への所信表明	ビジョンの提示
お金の面から 経理・財務	資金の調達	活動の損益分析	経営状況の公開	
法律の面から 法務	法律情報の提供	法律違反の注意	契約書の作成	
人の面から 人事	人材の採用	社員教育 勤怠管理		公平な評価
情報発信で 広報	メディアの招聘		会社情報の発信	社員を表舞台に
総合的に 工場総務	備品の購入	規則違反の注意	地域貢献活動	社員交流イベント

6 「商品」と「製品」の違い

いろいろある商品のうちのひとつのタイプが製品

さて、これからご覧いただく物語のなかでは、「商品」という言葉と並《なら》んで「製品」という言葉がたびたび出てきます。読んでいて少し混乱するかもしれないので、この二つの言葉の意味の違《ちが》いも、説明しておきます。

簡単にいうと、「いろいろある商品のうちのひとつのタイプが製品」です。

「商品」とは「売り買いするもの」であり、家電や文具などの製品から、野菜やお肉などの生鮮《せいせん》食品、楽曲データや旅行プランのような形のないものまで含《ふく》まれます。

「製品」とは「原材料を加工して製造したもの」であり、たとえば家電製品や自動車、衣料品や文具、玩具《がんぐ》などです。

こうした違《ちが》いがあるので、二つの言葉は一般的《いっぱんてき》につぎのように使い分けられています。

「商品」という言葉は、お客さまに何かを売ったり届けたりする人がよく使います。

「製品」という言葉は、原材料を加工したものづくりにたずさわる人がよく使います。

それでは次章より、会社員の物語の幕開けです。

世の中にあるいろいろな商品

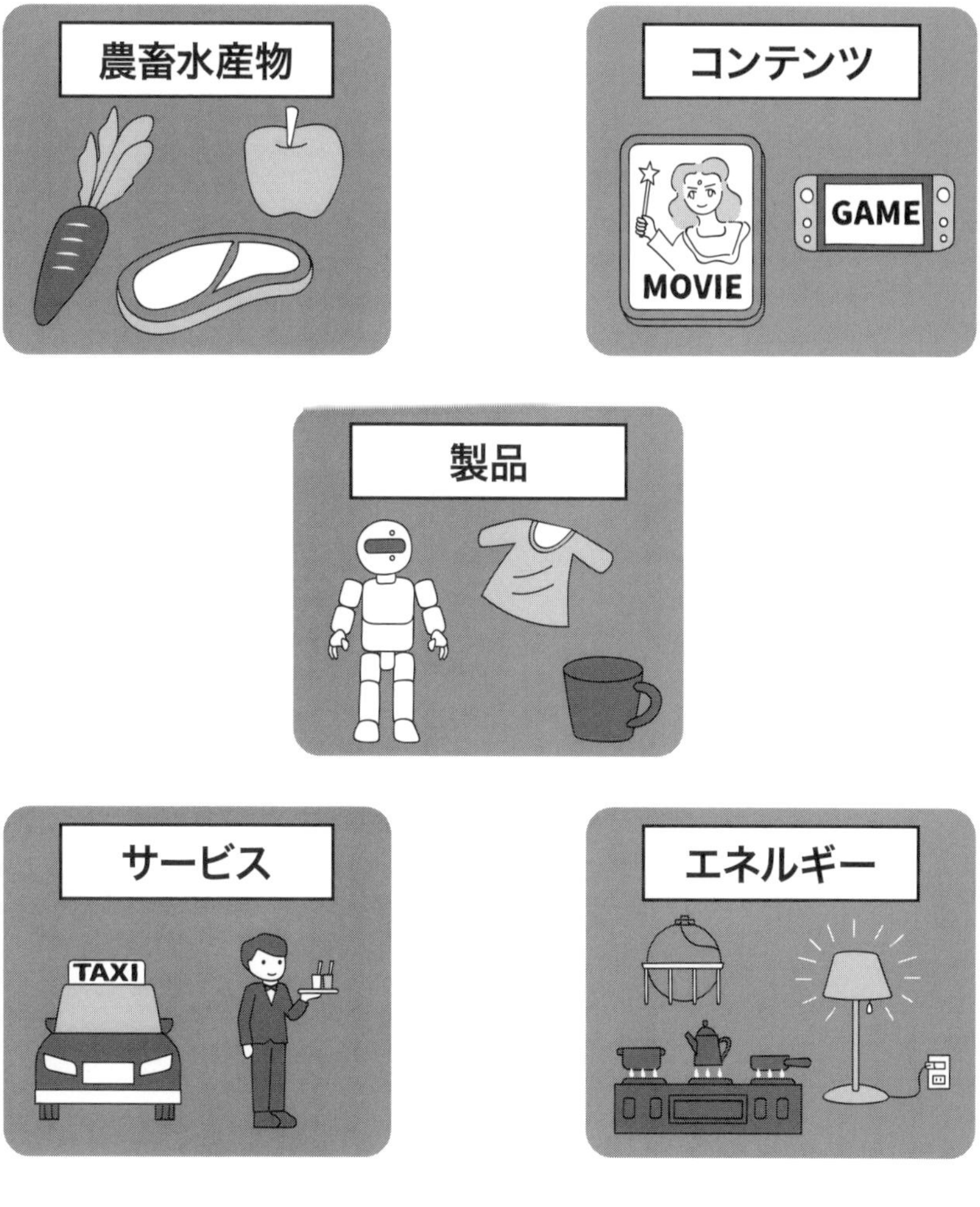

第1章

商品を形づくる

新商品企画会議

精密機械メーカーOWLの本社会議室。これから開発する家庭用ロボットeyesについて、方向性を話し合う会議が行われている。出席者は、まとめ役の開発責任者のほか、研究部門、設計部門、商品企画《きかく》部門、デザイン部門、営業部門それぞれから抜擢《ばってき》されたメンバーだ。

メーカーの研究「2代目eyesに立体映像の技術を入れれば、プロジェクターで壁《かべ》や天井《てんじょう》に映像を映せるだけなく、特殊《とくしゅ》ミラー上に空中映像も出せます。初代より大型になりますが、たとえばネットショッピングの商品を、空中映像で見られたら楽しいと思うんです」

メーカーの商品企画《きかく》「画期的な技術で、今後の商品開発のキーになるのは間違《まちが》いない、と思います。ただ、今回のターゲット層の20～34歳《さい》の女性、特に一人暮《ぐ》らしの女性は、部屋《へや》のスペースに余裕《よゆう》がなく、家庭用ロボットの意見調査でも7割の人が『場所を取る』と答えています。空中映像へのニーズがまだ弱く、この技術を組《く》み込《こ》むと価格もサイズも増すのでは、今回は見送るべきかと……」

メーカーの製品デザイナー「一人暮《ぐ》らしの女性の部屋《へや》の間取りを描《えが》いてみました。1DKで衣服の収納にも苦労している感じですね」

メーカーの開発責任者「商品企画部《きかくぶ》は、新商品の売りを何にしたいと考えている？」

メーカーの商品企画《きかく》「市場調査をもとに、私たちがキーワードにすえたのが『すこやか』と『やすらぎ』です。フルタイムで働く女性や、子育てをしながら働く女性が増えるなかで、『私生活が雑になっている』ことを気にして、健康的なものを求める傾向《けいこう》が強まっています。そうした女性を応援《おうえん》できる家庭用ロボットにしたい、と考えています」

メーカーの営業「応援《おうえん》、といいますと?」

メーカーの商品企画《きかく》「eyesの特徴《とくちょう》は、無線で本体にスマートフォンをつなげば、スマホ画面もプロジェクターで映せることです。つまりスマホで見ていたWebサイトを壁《かべ》や天《てん》井《じょう》に映せるわけですが、これを活かし、新しいライフスタイルを提案します。たとえばキッチンの壁《かべ》に『ヘルシー料理をつくる動画』を映し、それを見ながら料理をする。寝室《しんしつ》の天井に『寝《ね》ながらできるヨガ動画』を映し、それを見ながら運動する。プロジェクターとWebサイトの組み合わせで、eyesの使い道を広げたいのです。ボディーを着《き》せ替《か》えできるようにし、ぬいぐるみのように愛着をもてるロボットにすることも考えています」

メーカーの機械・電気設計「初代eyesがヒットしたのは、壁《かべ》や天井《てんじょう》の凸凹《でこぼこ》を計測し、真っ平らでなくても映像がゆがまないように自動調整する、その革新技術が受けたからだと思うんです。2代目も小手先の変化ではなく、空中映像など、やはりこれまでにないチャレンジをすべきではないでしょうか」

メーカーの商品企画「私も2代目eyesが小手先でいいとはぜんぜん思っていません。むしろ、これまでにない家庭用ロボットにしたくて、先ほどの提案をしたつもりでした」

メーカーの開発責任者「そのあたりの認識のズレから話し合うといいんじゃないかな? 私見だが、キッチンにも寝室《しんしつ》にも持ち運べるよう、初代以上に軽量化・小型化するというのも技術陣《ぎじゅつじん》の挑戦《ちょうせん》になるかもしれないね」

CLOSE-UP

メーカーの商品企画

どんな仕事をしている?

◉市場調査
流行分析《ぶんせき》やユーザーの調査で、未来のニーズを探る。

◉コンセプトづくり
新商品で誰《だれ》に何をもたらすか、商品の方向性を定める。

◉コンセプトの提示
各部署にコンセプトを説明、めざすゴールを共有する。

考えるのは新商品で誰《だれ》に何をもたらすか

商品企画《きかく》の役目は、大きく二つあります。ひとつは、「新商品で、どんなお客さまに何をもたらして喜んでもらうか」という商品の方向性、いわゆるコンセプトを打ち出すことです。「20〜34歳《さい》の女性をターゲット層に、やすらぎと健康をもたらして喜んでもらえるロボットをつくろう」といったように。

もうひとつは、そのコンセプトを会社の仲間にしっかりと説明し、みんなで同じゴールをめざせるようにすることです。開発する技術者が「このコンセプトを実現するために、自分の知恵《ちえ》と技術を注《そそ》ぎ込《こ》もう」と思ってくれるように。宣伝や販売《はんばい》を担当する人が「このコンセプトをお客さまにもしっかりと伝えよう」と燃えてくれるように。要は、コンセプトに沿った商品開発や販売《はんばい》戦略がなされるように旗振《はたふ》り役《やく》をするわけですね。

お客さまのニーズと会社の技術を

コンセプトを打ち出すために企画《きかく》部門でまず行うのは、世の中の人びとが欲しがっているもの、いわゆるニーズを探ることです。

そのために情報番組や情報誌、街の人気スポットをチェックし、今後の流行を予測します。調査会社から世の中の変化を調べたデータを取り寄せて分析《ぶんせき》することもします。商品を使うお客さまにインタビューを行い、商品の不満点や改善点を確認することも。それから、当社でお客さまのいちばん近くにいる営業部門に、お店の売場で商品にふれたお客さまの反応を教えてもらうこともあります。

ここで大事なことは、お客さま自身がまだ気付いていない「潜在《せんざい》ニーズ」までつかむことです。誰《だれ》もが明確に欲しがっているものは、たいてい、すでに商品化されています。新商品が出た時に「その発想があったか。これは欲しい！」と思ってもらえるのが理想で、私たちはそんなニーズを探し当てたいんですよ。

並行《へいこう》して、社内の研究部門や設計部門から、新技術やうちの技術の強みについて情報収集します。アイデアを絵に描《か》いた餅《もち》にせず、技術的に実現可能かを確認するためです。

周囲の声に揺《ゆ》らぐこともあるけれど

お客さまのニーズと会社の技術を踏《ふ》まえて、商品のコンセプトをまとめる時は、わかりやすい言葉にすることをめざします。その一文さえ見れば、商品開発の方向性がわかるような。……現実には、そうすんなりと話は進まないのですが。私が提案したコンセプトに、上司や他部署から「どこが新しいの？」「このほうがよくない？」と言われることもあって、そんな時は私自身、揺《ゆ》れてしまいます。

ただ、いちばんよくないのは、みんなから言われたことを無条件に全部取り入れて、ぼやけたコンセプトにしてしまうことです。

新商品の開発や販売《はんばい》には、たくさんの仲間が思いをもってかかわっているので、ともすると「こんな技術や機能も入れたい」と、あれもこれも盛《も》り込《こ》みたくなるんですね。でもそうすると、商品の特徴《とくちょう》がよくわからなくなったり、価格が高くなったりと、かえって商品の魅力《みりょく》が損なわれてしまうんです。

だから、コンセプトはねらいをはっきりさせることが大事。この商品では何を実現させたいのか。そこをみんなでしっかり共有し、開発や販売《はんばい》戦略の方向性で迷いが生じたら、常にコンセプトに立ち返る。それくらい、商品のコンセプトというのは重要なんですよ。

仲間に思いを届けるために言葉を尽《つ》くす

商品のコンセプトが決定したら、そこからの私の役目は、社内外の関係者にコンセプトの意図を説明し、方向性がぶれないようにすることです。「やすらげるロボットとして着《き》せ替《か》え機能をもたせたい」とか、「商品のパンフレットは温かみのある色合いで、女性がロボットを抱《だ》いている写真を入れたい」とか。

でも、この説明では腑《ふ》に落ちない人もいますよね。私のなかには「コンセプトはこうで、だからこうしたい」という明確な思いがあるはずなのに、他人にはなかなか伝わらないこともあります。そんな時はもう、言葉を尽《つ》くすしかない。思いを伝えるというのはやっぱりエネルギーがいることで、それだけに、仲間と通じ合えた時はうれしいです。

「お客さまに喜んでほしい」を第一に

入社して8年。仕事にやりがいは感じていますが、私自身、私生活をおろそかにしていないかと不安になることがあります。今回の商品開発では、そんな悩《なや》みをもつ同世代の女性の力になれそうで、自分でも前のめりになっている、という自覚があります。

だからこそ、心はホットに、頭はクールでいたいと思っています。思いだけで突《つ》っ走《ぱし》り、自己満足の商品にしないように。考えたことを「それはほんとうにお客さまに喜んでもらえることなの？」と、冷静な目でふり返ることを、常に忘れないようにしたいです。

仕事で意識すること、めざすこと

◉仕事で意識すること

世の中のトレンド、時代の変化。
お客さまの声、潜在《せんざい》ニーズ。
当社の強み（技術やブランド）。

◉めざしていること、大事にしていること

「お客さまに喜ばれる商品の方向性」を考え、実現すること。
お客さま視点で考え、言葉を尽《つ》くして仲間に思いを伝えること。

CLOSE-UP

メーカーの研究

どんな仕事をしている?

◉情報収集

論文や研究機関から情報を集め、新技術を構想する。

◉仮説・実験・検証

新技術を生み出す仮説を立て、実験をして検証する。

◉研究成果の発表

研究成果を社内で報告。論文にまとめて学会でも発表する。

よりよい製品の「タネ」となる技術を研究

ものづくりのための研究は、基本的に二つのアプローチから進めます。

ひとつは要素研究といって、さまざまな製品のコアとなる技術をみがくことです。たとえばプロジェクターで「より明るくて高画質な映像にする技術」を、レンズに新素材を使ったり、新しい投影《とうえい》システムを考えたりして確立する、といったように。これはひと言でいうと「性能向上」のための研究ですね。ほかにも「小型化」「軽量化」「省エネ化」をめざすこともあります。私はレンズなどの光学系部品の要素研究をしています。

もうひとつは、基礎《きそ》研究といって、5年、10年先まで見すえて革新的な技術を生み出そうとすることです。空中に完全な立体映像を浮《う》かび上《あ》がらせる、ホログラフィーの研究とか。私はこのホログラフィーの研究プロジェクトにも参加しています。3D動画のように「立体に見える映像」は世間に浸透《しんとう》しましたが、空中に立体映像を浮《う》かべられる家電製品はまだありません。私たちの手でその基礎《きそ》技術を確立することが、いちばんの夢《ゆめ》です。

いずれにせよ、私たちはプロジェクターなどの製品そのものを開発しているのではなく、よりよい製品を生み出す「タネ」となる技術、いわゆる「シーズ（seeds）」となる技術を、生み出そうとしているのです。

常識を打ち破るアイデアを形にしたい

これまでにない技術を生み出すために、まず行うのは情報収集です。たとえば、最新の技術動向を知るために、レンズや照明部品の研究をしている学者や技術者の論文を読《よ》み込《こ》みます。専門家が集まる学会に参加したり、最先端《さいせんたん》の技術を披露《ひろう》しあう展示会に足を運んだり、大学の研究室を訪ねたりと、顔を突《つ》き合《あ》わせて情報交換《こうかん》することもします。

そうして知見を深めた上で、これまでの常識を打ち破るような新しい技術を思《おも》い描《えが》きます。「レンズや照明部品にこの素材を使ってこんな仕組みを築き、光をこのようにコントロールすれば、暗くなりがちな映像をより明るくできるのでは?」といったように。

次いで、イメージしたアイデアを実際に形にした装置《そうち》を試作し、その試作機を使って、ねらい通りの効果が出るか実験します。

もしくは、思《おも》い描《えが》いた仕組みをコンピュータ上に仮想的に再現し、計算処理によって、どんな条件の時に光がどう変化するか、といったことをシミュレーションで確認します。

まとめると、「こうしたらよいのでは」と仮説を立て、実験やシミュレーションで「ねらいは合っていたか」を検証するわけですね。

実験をくり返し、失敗からヒントを得る

ちなみに、実験やシミュレーションが最初から望んでいた結果になることはまずありません。装置《そうち》の動作が突然《とつぜん》おかしくなったり、計測した数値が目標に届かなかったり。私たちは研究の進み具合を定期的に社内で報告しなければいけないので、なかなか結果が出ない時は、ジリジリと焦《あせ》りが募《つの》ります。

でも、その「うまくいかなかった結果」にこそ、新技術を確立するためのヒントがあるんですよ。失敗したのはなぜなのか。自分で考えるのはもちろん、社内の仲間とも意見を出しあい、原因を究明し、それを踏《ふ》まえて仕組みを改良して、何度も実験を重ねます。研究にたずさわるなら、くじけずに考え続ける、という姿勢は欠かせません。

成果を発表し、実用化されることを願う

めざしていたこと、たとえば「従来より3割増しで明るい映像にする技術」を実現したなら、研究の成果が出たといえます。その成果は、社内で報告するほか、論文にまとめたり、展示会や学会で発表したりもします。

そうして確立した技術は「家庭用プロジェクター」に活かされるかもしれませんし、イベント会場で使われる「業務用プロジェクター」に導入されるかもしれません。画期的な技術なら、そのタネから複数の製品が生まれるもので、これも研究職の醍醐《だいご》味《み》ですね。

技術の進歩でわくわくする未来の実現を

今回のeyesでは、最新技術で「空中映像を映し出せるプロジェクター」を実現させたかったのですが、見送られそうです。悔《くや》しいけれど、「初代より大型になって場所を取るのは問題」という指摘《してき》は受け止めないといけません。ただ、実はこれでもかなり小さくしたんですよ。初期の空中映像の試作機は、冷蔵庫ぐらいの大きさがありましたから。全体の構造や仕組みをさらに改良し、よりコンパクトにできるよう、研究を続けたいです。

空中に浮《う》く立体映像を手軽に楽しめるようになれば、人と人とのコミュニケーションはもっとおもしろくなるはず。より暮《く》らしやすい社会、わくわくする未来の実現をめざして、技術の開発を一歩一歩進めていきたいです。

仕事で意識すること、めざすこと

◉仕事で意識すること

性能向上、小型化、軽量化、省エネ。
暮《く》らしを変える革新技術。
世界中のライバルの研究動向。

◉めざしていること、大事にしていること

「よりよい未来を切《き》り拓《ひら》くような新技術」を生み出すこと。
実験が失敗しても情熱をもち続け、その失敗からも学ぶこと。

CLOSE-UP

メーカーの開発責任者

どんな仕事をしている？

◉製品の開発計画

開発チームで話し合い、コンセプトや目標を共有する。

◉開発・生産の牽引《けんいん》

方向性がぶれないよう、開発・生産現場で議論を重ねる。

◉新製品の説明

開発した製品をその責任者としてメディアなどに説明。

同じゴールに向かって個々の力を引き出す

新商品を開発する時は、企画《きかく》・開発・生産・営業などさまざまな部門のメンバーが集まってプロジェクトチームを立ち上げます。

開発責任者である私の使命は、そのチームを束《たば》ねて開発を進め、製品ができあがるところまで責任をもつことです。

その任務のために大事にしていることが二つあります。

ひとつは、チーム全員でコンセプトを共有し、開発の方向性がぶれないようにすること。

もうひとつは、チームの一人ひとりが力を発揮しやすい環境《かんきょう》を整えることです。

チームの一体感や志気をいかに高めるか

プロジェクトチームでまず行うのは、「この商品で、どんなお客さまに何をもたらすのか」というコンセプトのすり合わせです。ターゲット層のお客さまはどんな価値観をもっていて、何を望んでいるのか。一方で、わが社にはどんな技術力や強みがあり、どういう製品を生み出せるのか。各部門から集まったメンバーと、この両面から議論し、全員が納得できるコンセプトを模索《もさく》します。

チームで話し合うことには、もうひとつねらいがあります。メンバーがおたがいを知り、仲を深めることです。だから、ある日の会議で話がまとまらなくても、本音を言い合えたなら私はプラスに考えますし、雑談を含《ふく》めて話が盛《も》り上《あ》がることも重要だと思っています。

そうしてチームづくりをしながら、「この製品ができたらどれだけ楽しいか」といった、みんなでめざしたくなるビジョンをふくらませます。「寝室《しんしつ》でもキッチンでも人に寄《よ》り添《そ》ってすこやかでやすらぎのある暮《く》らしをサポートし、機械が苦手な女性でも好きになる。そんな暮《く》らしのパートナーロボットを、世界に先駆《さきが》けて**eyes**で実現しよう」などと。

チームの一体感や士気というのは、商品開発の行方を左右する大切なポイントなのです。

理想を捨てずに粘《ねば》り強《づよ》く調整を重ねて

コンセプトを共有したら、つぎにその方針に沿って製品の大枠《おおわく》を構想します。

コンセプトを踏《ふ》まえるなら、**eyes**にはどんな機能を搭載《とうさい》し、どの程度の性能を実現させるべきか。「天井《てんじょう》や壁《かべ》に映像を映せるプロジェクター機能を搭載《とうさい》し、部屋《へや》を暗くしないキッチンでも使える性能にしよう」。サイズやデザインはどうするか。「寝室《しんしつ》にもキッチンにも持ち運べる軽量・小型サイズに」「やすらぎを感じられる色や形に」。このように、機能も性能もサイズもデザインも、全部コンセプトから導き出されるのです。

この構想段階では、開発責任者には調整能力が問われます。たとえばめざす映像の明るさを実現するために、「新素材の部品を使いたい」とします。ですがそのために「部品購《こう》入代《にゅうだい》が高くなり、費用が余計にかかる」なら、会社として出せるお金には限度があり、問題です。そこでチームの仲間と「ほかの部品で費用を削《けず》って相殺できないか」を検討します。あるいは、経営陣《けいえいじん》に「映像が明るくなれば商品の魅力《みりょく》が格段に高まるので、限度額を変えられないか」と掛《か》け合《あ》いにいきます。

製品開発では、お金や開発期間をあらかじめ想定した範囲《はんい》に収めることも大事。開発責任者はそういった「現実」の面も意識して、進行を管理しないといけません。かといって描《えが》いた「理想」をむげに捨てるのではなく、制約があってもめざしたいことを実現できるよう、チーム内の意見調整や経営陣《けいえいじん》との交渉《こうしょう》を、粘《ねば》り強《づよ》く行うことが必要なのです。

ものづくりすべてに意志を込《こ》めていく

大枠《おおわく》の構想ができたら、いよいよものづくりに入ります。ここからは開発・生産部門が中心になって、機械設計やソフトウエア開発、さらには工場での生産を進めていきます。

こうした段階で大事にしているのは、現場で現物を見てさわって仲間と議論することです。設計担当から試作した部品を見せてもらって、どういう意図でこの構造にしたかを聞き、その上でコンセプトに沿ってさらにひと工夫を求めたり。そうやって、ものづくり

1

のすべてに「明確な意志」を込《こ》めていきます。

本気だから苦悩《くのう》し、歓喜も味わえる

eyesの開発では、企画《きかく》・開発・生産部門の気持ちがまだそろっていないのを感じています。今後はきっと、機械やソフトウエアをつくる技術者同士の衝突《しょうとつ》も起こるでしょう。

でもそれはいつものこと。おたがいに「こうしたい」という思いを本気でぶつけあうから、衝突《しょうとつ》もすれば、悩《なや》みもするし、悔《くや》しさを味わうこともあるのです。だからこそ、そこを乗《の》り越《こ》え、みんなで同じ方向をめざしてがんばれるようになると興奮するし、製品が完成した時にはおたがいに喜びあえるんですよ。

苦悩《くのう》とそれ以上の充足感《じゅうじつかん》が待っている開発プロジェクトは、まだ始まったばかりです。

仕事で意識すること、めざすこと

◉仕事で意識すること

チームワーク、理念や意識の共有。
性能やサイズなどの目標の達成。
開発スケジュール、予算。

◉めざしていること、大事にしていること

「チームの力を結集したものづくり」を実現させること。
夢《ゆめ》やビジョンを掲《かか》げて、しかし現実からも目を背けないこと。

製品開発計画

精密機械メーカーＯＷＬの第1事業所の会議室。eyesの開発の方向性が定まったのを受けて、機能や性能、デザインを決める話し合いが始まった。「仕様（スペック）決め」といわれる段階で、機械やソフトをつくる技術者や、デザイナーを中心に意見が交わされている。

メーカーの開発責任者「では、２代目eyesのプロジェクターの明るさは５０００ルーメンをめざそう。寝室《しんしつ》だけでなく、日中に明るいキッチンでも使うなら、そのレベルの性能が必要だ。女性が持ち運びできるよう、サイズは幅《はば》２５０ミリ、奥行《おくゆ》き２５０ミリ、高さ４００ミリ、重量は３キロに収めよう」

メーカーの製品デザイナー「こちらが製品デザインのスケッチになります。企画《きかく》段階で聞いた『ぬいぐるみのような存在』からイメージをふくらませ、動物をモチーフにしました。左目がプロジェクターのレンズ、右目は熱を逃《に》がす排気口《はいきこう》です。ボディーは、市販《しはん》のベビー用よだれかけを着せられるようにし、ユーザーが自分好みのファッションを楽しめるようにしたいと考えています。もちろん、当社オリジナルのよだれかけも用意しますが」

メーカーの開発責任者「ひとつ確認なんだが、これはどのように持ち運ぶイメージかな？」

メーカーの製品デザイナー「両側に突《つ》き出《で》た取っ手、要はeyesの腕《うで》ですね。その両腕《りょううで》の脇《わき》の下にユーザーが手を回して抱《だ》きかかえます。ぬいぐるみを抱《だ》きしめるように。説明書にもイラスト入りで持ち運び方を示します」

メーカーの品質保証「持ち運ぶ時の重量を、

両側に突《つ》き出《で》た取っ手で支えるのは、部品の強度からして安全と言えるでしょうか」

メーカーの機械・電気設計「同感です。取っ手が折れて、破損やケガを招いたらまずいですし、安定して持ち運べる『輪っか型の取っ手』にしたほうがよくないですか」

メーカーの製品デザイナー「それではぬいぐるみ感が消え、電化製品感が強まります」

メーカーの生産技術「デザイン案のボディーは球体ですが、箱型《はこがた》のボディーが現実的ではないでしょうか。球体ではボディーの成形が難しく、内側の部品の配置もたいへんです」

メーカーの製品デザイナー「見た目のやわらかさを大事にしたいんです。最近の女性向け電化製品は、丸みを帯びたものが人気ですし。一体成形ではなく、パーツの組み合わせにすれば球体のボディーにできませんか？　これまでにないロボットをつくりましょうよ」

メーカーのソフトウエア開発「機能面の確認をさせてください。初代では見送りましたが、音声認識とＡＩ（人工知能）を組み合わせた『会話機能』、今回はどうしますか」

メーカーの商品企画《きかく》「そこは商品企画部《きかくぶ》でもすごく議論しました。結論は、中途半端《ちゅうとはんぱ》に会話機能をつけるより、ぬいぐるみのように話さないからこそ人間が自由に語りかけられる、その空気感を大事にしよう、となりました」

メーカーのソフトウエア開発「わかりました。では、入力を待つ時の効果音は『ポペ？』という感じにして、入力後の効果音は『ピプ！』みたいにするのはどうでしょう。言葉より、そうした合いの手がコミュニケーションを豊かにすると聞いたことがあって」

メーカーの商品企画《きかく》「ああ、それはぜひ！」

CLOSE-UP

メーカーの製品デザイナー

どんな仕事をしている？

◉製品のスケッチ
コンセプトに沿う商品の形や色の案を何枚も紙に描《か》く。

◉立体モデルづくり
製品の立体モデルを、模型あるいは3Dデータでつくる。

◉デザインと技術の調整
技術者と議論し、安全で製造しやすいデザインにする。

より心がはずむ暮《く》らしをめざして

プロダクト（製品）をデザインする自分の仕事は、みんなでつくる製品の姿形を描《えが》くことです。ところでそのデザインを通して、僕《ぼく》らは何をめざしているんだと思いますか？

「美しい形」を実現することだと思った人がいるかもしれません。それも絶対大事。この世界に心がはずむような形を増やしていきたいですよね。でも、デザインで成そうとしているのは、それだけじゃないんです。

「使いやすい形」にする、というのもポイント。たとえば安物のハサミと上質なハサミを見比べてください。上質なハサミのほうが手になじむ形になっているはず。デザインを工夫すると製品は使いやすくなるんですよ。

「人の暮《く》らしを革新する形」にする、というのも僕《ぼく》らの目標です。20世紀前半に、動きやすいデザインの女性服が考案されて、女性の生活スタイルが変わったように、デザインの力で変革を起こしていきたいんです。

すべてをひっくるめて言うなら、「人びとの暮《く》らしをより豊かにできるように、みんなでつくる製品の形や色を描《えが》く」というのが、僕《ぼく》らプロダクトデザイナーの仕事ですね。

ビジュアル化する力を開発に活かす

デザイナーの武器は何かといえば、いろいろな人の頭の中にぼんやりとあるイメージを「ビジュアル（視覚に訴《うった》えるもの）」にできることだ、と僕《ぼく》は思っています。

たとえば商品企画《きかく》会議の場でも、デザイナーはビジュアル化する力を使うんですよ。今回のeyesでねらうお客さまは「仕事や子育てに忙《いそが》しいが、私生活も大事にしたい20～34歳《さい》の女性」。その層を応援《おうえん》するロボットを考案するわけですが、開発チームのなかには、お客さまの実像をつかめていないメンバーがいるかもしれません。そこでデザイナーが、手描《てが》きの絵や雑誌の切《き》り抜《ぬ》きを使い、「こんな部屋《へや》でこういう家具や雑貨に囲まれて暮《く》らしている女性」と1枚のビジュアルを示すのです。するとほら、お客さまのイメージをみんなで共有しやすくなり、その生活にマッチするロボットも考えやすくなるでしょう？

街中や旅先の体験も活かして形を描《えが》く

コンセプトが固まったら、デザイナーとしてその方向性にふさわしい製品の形や色を考えます。めざすのは「女性にすこやかさとやすらぎをもたらすロボット」。それってどんな外見がふさわしいだろう？　自分が街中や旅先や美術館でふれたよい形や色を思い返しながら、イメージ案を何枚もスケッチします。

そのいくつもの案からデザインの候補を絞《しぼ》り込《こ》んだら、それをもとに立体モデルもつくります。モデラーという、立体モデル制作のプロの力も借りて。立体モデルの種類にもいろいろあって、削《けず》りやすい発泡《はっぽう》スチロールでつくった立体模型もあれば、コンピュータ上でぐりぐり動かせる仮想の3Dモデルもあるんですよ。そうした立体モデルがあれば、つくりたい製品の形をあらゆる方向から確認できるようになるので、そこからさらに「この面をもっとふくよかな曲線にしよう」などと細部を詰《つ》めていきます。

最終的には、見た目はこれからつくる製品とそっくりの木型のモデルや樹脂《じゅし》モデルを仕上げます。

安全性や製造のしやすさも意識する

スケッチから立体モデルをつくる過程では技術者とも話し合います。eyesのメカニズムを考える機械設計の担当や、工場でeyesをつくる仕組みを考える生産技術の担当と。

なぜなら、美しくて使いやすそうな形でも「その形だと壊《こわ》れやすくて危険」「その複雑な形は工場でつくれない」という壁《かべ》にぶつかることがあるからです。安全ではない商品や、つくるのに手間がかかって値段がバカ高くなった商品では、お客さまに歓迎《かんげい》してもらえません。「安全性」や「製造のしやすさ」と折り合いをつけることは必要不可欠なんですよ。

だから正直、製品デザインでは自分の思い通りの形に100パーセントできることはありません。よくて70パーセントかなあ。でもその代わり、手づくりの一品ものと違《ちが》い、みんなといっしょにつくりあげた製品を「たくさんの人に届けることができる」という達成感を味わえるんですよ。

デザインでこれからの生活を提案する

制約があるなかでデザインをしていくので、デザイナーは「ここはゆずれない」というラインをもつことも大事です。eyesでは、動物の手のような取っ手は絶対つけたい、と思っています。持ち運ぶ時に自然と胸の前で抱《だ》きかかえるように。「eyesとこんなふうに接してほしい」という願いをデザインに託《たく》し、機械を苦手とする女性でも、ぬいぐるみと同じように愛でられるようにしたいんですよ。

既存《きぞん》の価値観を打ち破るロボットの創造を、デザインの面から後押《あとお》ししていきたいです。

仕事で意識すること、めざすこと

◉仕事で意識すること

形や色がもたらす生活への影響《えいきょう》。
形や配色の美しさ、かっこよさ、
使いやすさ、見やすさ、トレンド。

◉めざしていること、大事にしていること

「人びとの暮《く》らしを豊かにするデザイン」を生み出すこと。
デザインでゆずりたくない点を明確にし、技術者と協働すること。

CLOSE-UP

メーカーの機械・電気設計

どんな仕事をしている？

◉仕様（スペック）の決定
新製品でめざす機能や性能、サイズ、重量などを決める。

◉機械や回路の設計
機械の構造や回路の配置を考え、設計図にまとめる。

◉試作・テスト
設計図通りにつくった試作品で性能や安全性をテスト。

内部のからくりや構造を考える

機械や電気回路の設計をするエンジニアの役目は、おおまかにいって二つあります。

ひとつは「新製品に求められる動作を実現させる仕組み」を考えることです。プロジェクター搭載《とうさい》ロボットeyesなら、明るい映像を映し出すからくりや、レンズの向きを壁《かべ》や天井《てんじょう》に自在に変えるメカニズムですね。その際は、研究所が確立した新技術も活用します。

もうひとつは、からくりを入れることを含《ふく》めて「大小さまざまな部品をどのように組み合わせるか」を考え、製品の各パーツの形状、構造、寸法がわかる図面にまとめることです。いわゆる設計図で、これをもとに工場でものづくりをしてもらうことになります。

こうした製品設計を進める時は、「相反しやすいさまざまな要求」を満たさなければいけません。そこが難しくも挑《いど》みがいのあるところなのですが。順を追って説明しましょう。

めざす「機能」や「性能」を実現させる

製品設計においてまず考えるのは、めざす「機能」や「性能」を実現することです。

「機能」というのは、製品に求められる働きのことです。**eyes**であれば「映像を投影《とうえい》するプロジェクターの機能」「レンズを天井《てんじょう》や壁《かべ》に自在に向けられる機能」などです。そんな機能を搭載《とうさい》するには、製品の内部にどんなからくりを構築すればいいと思いますか。

「性能」というのは、その製品が発揮するパフォーマンスのことです。**eyes**であれば「プロジェクターの映像の明るさ」「画質のよさ」を高性能にすることが求められます。開発段階ではその各性能について数値目標も設定します。さて、それではめざす映像の明るさや画質のよさを実現するには、内部のメカニズムをどう洗練させればよいでしょう？

こうしたことを、ある者はレンズや照明部品の設計を担当し、ある者は外側のボディーの設計を手がけ、またある者は電気の流れをコントロールする回路の設計を担い、みんなで役割分担しながら協力して考えるのです。

「サイズ」「コスト」「安全性」も重視

同時に意識するのが「サイズや重さ」です。ここを気にせず、部品をいくらでも組み合わせていいなら、めざす映像の明るさも実現しやすいんですね。けれども、今回の**eyes**では小型化・軽量化も重要な課題です。どの箇《か》所《しょ》をどこまで小さく、かつ軽くできるかを、レンズや照明部品、ボディー、回路などの各設計担当が「うちはこれだけのスペースが必要」と空間の取り合いをしながら（笑）、「この部品の配置を変えればスペースを削《けず》れそう」などと、改善を積み重ねて目標のサイズや重さに近づけていきます。

「コスト」にも頭を悩《なや》ませます。ある素材を使えば小型化ができるとしても、従来の素材よりうんと費用がかかるなら、つくっても赤字になります。われわれには素材や部品の費用を抑《おさ》えることも求められるんですよ。

「安全性」も忘れてはなりません。たとえば**eyes**の外側のボディーの厚みを極限まで薄《うす》くすれば、内側のスペースは広がりますが、ボディーの設計担当は「衝撃《しょうげき》に弱くなって危ない」と反対するでしょう。ならば内部構造をぎっしりと詰《つ》めて小型化するのはどうか。電気回路の設計担当から「詰《つ》め込《こ》むと熱がこもって危険だ」と指摘《してき》されるかもしれません。

このように、さまざまな条件を満たすために設計者同士で何度も議論しながら、部品の配置を決めて設計図にまとめていくのです。

「いいもの」に仕上げる最適解を探る

設計図の詳細《しょうさい》を詰《つ》める時は、工場でものづくりをする生産部門の技術者とも話し合います。工場では、工作機械や産業ロボットという設備を使いながら、金属やプラスチックを溶《と》かして固めたり、切ったり、削《けず》ったり、接合したりして部品の加工や組み立てをします。その際に、複雑な凹凸《おうとつ》や曲面がある部品より、シンプルな形の部品のほうが「つくりやすい」のは想像がつきますよね？

設計段階で、工場でつくりにくい部品の形にしてしまうと、生産に手間がかかって費用がかさんだり、つくりづらくて品質が不安定になる問題が発生します。そうならないよう、生産部門の技術者と「工場でのつくりやすさ」についても確認を取っていくのです。

この仕事でつくづく感じたのは、対話をすることの大切さですね。自分の役割を果たすために必要なことはきちんと主張する。一方で仲間の意見にも耳を傾《かたむ》ける。そうして双方《そうほう》のめざすことがどちらも成り立つ着地点を探ることが必要なんです。ときには議論が白熱しすぎることもありますが、「よいものをつくりたい」という思いは、みんないっしょなんですよ。

eyesの開発でも、よい製品にできるよう、設計における最適解を、仲間と対話することで見つけていきたいです。

仕事で意識すること、めざすこと

◉仕事で意識すること

製品機能、性能、サイズ、重さ。

安全（壊《こわ》れない、ケガしない）。

コスト。工場でつくれるか。

◉めざしていること、大事にしていること

「必要な機能や性能を実現させる機械の仕組み」を生み出すこと。

開発チームで対話を重ね、みんなで設計の最適解を探ること。

CLOSE-UP

メーカーのソフトウエア開発

どんな仕事をしている？

◉**要件定義と仕様書作成**
何の機能をどんな操作で実現させるか書類にまとめる。

◉**ソフトウエアの設計**
コンピュータに出す命令の流れをフローチャート図にまとめる。

◉**実装とテスト**
フローチャート図をもとにプログラムを作成し、動作をテストする。

賢い機械にするための頭脳をつくる

　私の仕事は「製品に組《く》み込《こ》むソフトウエア」の開発です。ソフトウエアというのは、コンピュータに命令を出すプログラムのまとまりのこと。当社がつくるのはプロジェクターやカメラなのに、なぜ「コンピュータに命令を出すソフトウエア」を開発するのかといえば、今や機械のほとんどが超《ちょう》小型コンピュータを内蔵しているからです。その内蔵コンピュータにソフトウエアで命令を出して、機械をねらい通りに動かします。いってみれば製品に組《く》み込《こ》むソフトウエアの開発は、「製品の頭脳」をつくるようなものなんですよ。
　その開発は「頭脳の仕組みを構想するエンジニア」と、「構想したことをプログラムにするプログラマー」でチームを組んで進めます。私は前者のエンジニアの立場になります。

まずはソフトウエアへの要求の整理から

開発のためにまず行うのは、商品企画《きかく》や機械設計の担当と話し合い、ソフトウエアに求められる条件を整理することです。これからつくる製品にどんな機能を入れたいのか。その機能のためにソフトウエアで機械をどうコントロールしたいのか。eyesであれば「部《へ》屋《や》の暗さに応じてプロジェクターの映像の明るさを自動調整する機能」や「凸凹《でこぼこ》の壁《かべ》に映した時の映像のゆがみを補正する機能」を、ソフトウエアで機械をこんなふうにあやつって実現させよう、と考えていくのです。

機械の操作手順までイメージする

続いて、製品を使うことになるお客さま、いわゆるユーザーが「それらの機能をどんな操作で使えるようにするか」も思《おも》い描《えが》きます。

たとえば映像の明るさの自動調整。暗い寝《しん》室《しつ》と明るいキッチン、両方で使うeyesにとって、映像の明るさの自動調整は重要です。でも、なかには自動ではなく、手動で明るさを調整したい人もいるはず。ならばこんな操作で使えるようにするのはどうでしょう？

「eyes本体のボタンを押《お》すとプロジェクターがスクリーンに『メニュー画面』を投影《とうえい》。メニューの1項目《こうもく》に『映像の明るさ　自動／手動』があり、ユーザーが切《き》り替《か》えられる」

このように、製品の各機能について、操作手順がわかるところまで落《お》とし込《こ》むのです。

それを最終的に「仕様書」という書類にまとめます。こちらはみなさんが家電製品を買った時に付いてくる「取扱《とりあつかい》説明書」に少し似ているかも。取扱《とりあつかい》説明書が「完成した製品の機能と操作手順をユーザーに伝えるもの」なのに対し、仕様書は「これからつくる製品で実現させたい機能と操作手順を、開発チームに伝えるもの」という違《ちが》いはありますが。

この仕様書で、これからつくる製品のイメージを開発チームできちんと共有してこそ、手分けして作業できるようになるのです。

機械に出す命令の流れを設計する

では、思《おも》い描《えが》いた機能や操作手順を具体的にどうやって実現させましょうか。ここからがソフトウエアの「設計」で、プログラマーとも協働します。まずは機械の内蔵コンピュータに考えさせることを、命令の流れがわかるようにフローチャート図にまとめます。

「電源はONにされたか?」

↓「YESなら全部のボタンを有効にする」

↓「NOなら処理を待つ」

といったように。命令に矛盾《むじゅん》や抜《ぬ》けがあると正常に動かないバグが発生するので、ていねいに流れをつくります。機械に高度な考えごとをさせるなら、工学や数学の知識も必要です。たとえば「凸凹《でこぼこ》の壁《かべ》に映した時の映像のゆがみ補正」は、機械のセンサーで壁《かべ》の凸凹《でこぼこ》を感知し、内蔵コンピュータの計算で映像のゆがみを直すのですが、一連の命令を出すには、映像補正のアルゴリズム（計算などの手続き）もわかっていないといけません。

機械にソフトウエアを組《く》み込《こ》み、いざ始動!

命令の流れをフローチャート図にまとめたら、それをもとに、今度は「コンピュータが理解できる言語」で、プログラムを書きます。実際にソフトウエアをつくり込《こ》む「実装《じっそう》」という作業で、膨大《ぼうだい》な量のプログラムを書くので、開発チームで手分けして作業します。

その上で、機能ごとにプログラムが正しく動くかテストし、バグがあれば修正します。

途《と》中《ちゅう》からは、機械設計部門がつくった「試作機」に、私たちの開発したソフトウエアを組《く》み込《こ》み、動作確認テストも行います。

試作機がイメージ通りに動いた時は、グッとくるものがありますね。みんなで話し合って進めてきたことが、ようやくひとつの形になったんだなあ、って。そこにたどりつくためにも、大事にしているのはコミュニケーションです。商品企画《きかく》や機械設計の担当から、同僚《どうりょう》のシステムエンジニアやプログラマーまで、みんなと方向性をすり合わせて、「製品の頭脳」を生み出すのが私の使命ですから。賢《かしこ》い **eyes** の誕生《たんじょう》、待っていてくださいね。

仕事で意識すること、めざすこと

◉仕事で意識すること

ソフトウエアで実現させるべき機能。

ユーザーの操作のしやすさ。

矛盾《むじゅん》や抜《ぬ》けのない命令体系。

◉めざしていること、大事にしていること

「機械をねらい通りに動かす頭脳＝ソフトウエア」を実現すること。

ソフトウエアで何をするのか整理し、チームでしっかりと共有すること。

Scene 3

Web制作会議

精密機械メーカーOWLの本社会議室。eyesの商品企画《きかく》担当が、来社したWeb制作会社ホークのWebディレクター、プログラマーと打ち合わせをしている。2代目eyesの販《はん》売《ばい》に合わせ、eyesの宣伝サイトもリニューアルする予定で、その方向性を詰《つ》めるためだ。

メーカーの商品企画《きかく》「実はご相談が二つあります。順を追ってお話ししますと、ひとつは、eyesの宣伝サイトのリニューアルでして」

Web制作会社のディレクター「前のサイトはeyesの機能や性能の宣伝が主でしたが、今回の方向性はどんな感じでしょう?」

メーカーの商品企画「資料にも書きましたが、今回は『eyesにスマホをつなげば、スマホで見ていたWebサイトをプロジェクターで天井《てんじょう》や壁《かべ》に映せる』点を強調したいです」

Web制作会社のディレクター「初代でも宣伝の一環《いっかん》で『部屋《へや》をプラネタリウムに』とやりましたよね。星空を眺《なが》められるサイトにスマホでアクセスし、その画面をeyesのプロジェクターで天井《てんじょう》に映せばプラネタリウムになる、と。そういうのを押《お》し出《だ》す感じですか」

メーカーの商品企画「おっしゃる通りです。スマホの画面で見るより、天井《てんじょう》や壁《かべ》の大画面で見たほうがより楽しいWebサイトをたくさん紹介《しょうかい》し、『こんな使い方もある』とわくわくさせたいんです。ただ、そのねらいに合うサイトがまだ少なくて。もうひとつのご相談なのですが、御社《おんしゃ》にご協力いただき、eyesの宣伝サイトとは別に、天井《てんじょう》や壁《かべ》に映すのに向くWebサイトの開発も進められないでしょうか。たとえばキッチンの壁《かべ》に映す『ヘルシー料理のサイト』とか、天井《てんじょう》に映して楽しむ『寝《ね》ながらできるヨガ紹介《しょうかい》サイト』とか」

Web制作会社のディレクター「なるほど。部屋中《へやじゅう》をスクリーンにできる**eyes**だからこそ実現可能な『これまでにないWeb体験』を提案する、というイメージですかね」

メーカーの商品企画《きかく》「そう、そうなんです！　私たちはものづくりをする会社ですが、ロボットをつくるだけでなく、このロボットだからできる未知のWeb体験も創造し、新たな生活スタイルを提案したいんです」

Web制作会社のディレクター「ただ、新たな生活スタイルを提案するWebサイトの開発は、時間もお金もかかるかもしれません。ひとつでもそうしたサイトがあったほうがいいか、そこまでの驚《おどろ》きはないけれど天井《てんじょう》や壁《かべ》に映すのに向くサイトがたくさんあったほうがいいか。優先順位はどちらが上でしょう？」

メーカーの商品企画《きかく》「そうですね……。**eyes**で楽しめるWebサイトが少ないと、『こんな使い方もある』というわくわく感を演出できないので……。ひとつに注力するより、広く浅く、たくさんあることが優先ですかね」

Web制作会社のディレクター「技術面からはどうかな？　何か言えることはある？」

Web制作会社のプログラマー「今のスマホは音声操作や、傾《かたむ》けたり振《ふ》ったりしての操作もできます。その直感的操作でWebサイトの動画再生やスクロールをできるようにし、映像を天井《てんじょう》や壁《かべ》に映せば、新しいことができそうな気もします。『Webサイトのクッキング動画を壁《かべ》に映し、音声操作しながら料理する』とか。できることを私も考えてみます」

CLOSE-UP

Web制作会社のディレクター

どんな仕事をしている？

◉ヒアリングと要件定義
依頼主はWebで何をしたいのか、必要な条件を定める。

◉ Webサイトの設計
サイトのページ構成や画面イメージを文書にまとめる。

◉制作進行管理
デザイナーやプログラマーに仕事を振って進行を管理する。

クライアントや制作チームとともに

Web制作会社でディレクターをしています。仕事でしているのは、三つのことです。

ひとつめ、Webサイトをつくりたいクライアント（依《い》頼《らい》主《ぬし》）と話し合い、「Webサイトで何をしたいのか」を的確につかむこと。

二つめ、Web制作のディレクション（指揮）をする立場として、デザイナーやプログラマーなど制作チームに方向性を示すこと。

三つめ、予定通りにサイトが完成するように、チームメンバーの誰《だれ》がいつまでに何をするのか、制作の進行を管理することです。

サイトでめざすゴールを明確にする

Web制作は、クライアントから仕事を依《い》頼《らい》されて始まります。「eyesの専用サイトをつくりたい」といったように。私がいちばん大事にしているのは、この段階でクライアントとよく話し合い、今回のWebサイトでめざすゴールを明確にすることです。

そのサイトでめざすことは新製品の宣伝か、会社の事業の紹介《しょうかい》か、eラーニングや音楽配信のようなWebサービスの提供か、あるいはユーザーが集まるコミュニティーサイトをつくりたいのか。ひと口にWebサイトといっても、さまざまなタイプがあるからです。

もちろん「こんなサイトにしたい」という思いはクライアントも最初に語ってくださるのですが、話をよく聞くと、ほんとうにやりたいことは別にあったり、めざしたいゴールが複数あったりするケースが結構あるんですね。今回のお話では、クライアントのなかに「部屋中《へやじゅう》をスクリーンにできるという製品の魅力《みりょく》を宣伝したい」「天井《てんじょう》や壁《かべ》に映すのに向くWebサイトの数そのものを増やしたい」「プロジェクター搭載《とうさい》ロボット×Webサイトで新たな生活スタイルを提案したい」という思いが混在していました。何を優先し、それぞれのゴールをどんな道筋でめざしていくか、目下、話し合い中です。

全体像を描《えが》き、制作進行を管理する

ゴールが定まったら、Webサイトの構想に入ります。まず考えるのは、「サイトを訪れたユーザーがどんな体験をできるとよいか」です。たとえば、eyesの専用サイトでめざすゴールを「部屋中《へやじゅう》をスクリーンにできる魅《み》力《りょく》の宣伝」にしたとします。効果的な宣伝をするには、サイトを訪れたユーザーが初見でどんな情報にふれ、そこからどんな体験ができるとよいでしょう？　その体験をもたらすには、サイトにどんな映像や文章や音声があり、さらには検索機能やズーム機能など、どういうシステムがあるといいでしょう?

そうしてサイトに盛《も》り込《こ》みたい情報やシステムが見えてきたら、いつまでに何を仕上げるか、全体のスケジュールを組みます。

サイトの全体構成も考えます。Webサイトというのは、トップページがあって、そのページの見出しやボタンを押《お》すと、また別のページに移動するわけですが、各ページのつながりから、1ページごとの内容や情報のボリュームまでを構想していくのです。

その上で各ページについて、見た目のデザインはWebデザイナーに、システム部分はプログラマーに制作をお願いします。その際は、制作の方向性をまとめたコンセプトシートや、全体のページ構成図、各画面のイメージ図、サイトを訪れたユーザーの行動の流れを示したフローチャート図なども添《そ》えて、「どういう意図でどんなWebのデザインやシステムにするのか」をしっかりと伝えます。

制作が始まってからは、進行が遅《おく》れたならどうカバーするか考え、クライアントから修正や追加の要望があれば、制作チームと何ができるかを話し合います。この段階はもう、生みの苦しみに近いものがありますね(笑)。晴れてサイトを公開できた時は、自分の子どもが生まれたようなうれしさがあります。

クライアントもユーザーも満足できるよう

私たちがWeb制作でめざすことは、大前提として、依頼主《いらいぬし》であるクライアントを満足させることです。そのクライアントはWebサイトに何を望むのかといえば、「自社商品の宣伝」「サービスの提供」など、依頼《いらい》ごとに違《ちが》います。ただ、いずれにせよクライアントは、その目的を叶《かな》えるためにも「制作したサイトにたくさんのユーザーが集まってくれて、楽しんでほしい」という思いを共通してもっているものです。

　ではそのユーザーには、Webサイトはどんな「楽しさ」を届けていけるのでしょう?

　その可能性は今も拡大しているんですよ。3DやVR（仮想現実）、アバター（分身）を使った表現、遠隔《えんかく》操作、デバイスと合わせた五感への刺激《しげき》など。「Webでできること」が広がり続けるなかで、最新情報を追いながらサイトを制作するのは、大変だけどわくわくします。未開拓《みかいたく》の地がまだまだありそうなWebサイトの可能性を、これからもクライアントと二人三脚《ににんさんきゃく》で追いかけたいです。

仕事で意識すること、めざすこと

◉仕事で意識すること

依頼主《いらいぬし》がWebに望むこと。

ユーザーに届けるWebの価値。

開発期間や予算。Webの技術。

◉めざしていること、大事にしていること

「依頼主《いらいぬし》とユーザー双方《そうほう》が満足するWebサイト」を創造すること。

依頼主《いらいぬし》とよく話し合ってゴールを定め、チーム間で共有すること。

CLOSE-UP

Web制作会社のプログラマー

どんな仕事をしている?

◉ Webのシステムの設計
Webを動かすシステムを考え、フローチャート図にまとめる。

◉コードを書く
コンピュータに出す命令をプログラミング言語で記述。

◉テストと修正
プログラムをテストし、バグがあれば原因を探して修正。

コンピュータのシステムやソフトを制作

プログラマーの仕事は、コンピュータにやらせたいことを、矛盾《むじゅん》や抜《ぬ》けのない命令体系にまとめた上で「コンピュータが理解できるプログラミング言語」でプログラムを書くことです。

そのプログラムによって、さまざまなシステムやソフトウエアを実現させます。例をあげれば、Webサイトのシステムや、企業《きぎょう》の情報処理システム、電子ゲームのソフトウエア、機械の中に組《く》み込《こ》むソフトウエアなどです。Web系、企業系《きぎょうけい》、ゲーム系、組《く》み込《こ》み系《けい》と、それぞれに異なるプログラミング言語でプログラムをつくるので、各分野に専門のプログラマーがいます。英語を学んだ人なら欧米《おうべい》で、アラビア語を学んだ人なら中東で力を発揮しやすい、というのといっしょですね。

僕《ぼく》はWeb系のプログラマーとして、Webサイトのシステム開発にたずさわっています。

Webディレクターと共同で開発

Webサイトのシステム開発は、サイトをつくりたいクライアントの依頼《いらい》から始まります。もっとも、僕《ぼく》らプログラマーへ直に話がくるわけではありません。クライアントの希望を聞き取るのは、制作チームのまとめ役であるWebディレクターの役目。そのWebディレクターから「こうした目的でサイトにこんなシステムを入れたい」という形で、プログラマーにも話がくるのが一般的《いっぱんてき》です。

具体的な開発の話がきたら――たとえば「eyesの専用サイトに、スマホの操作で画面のキャラクターを動かすシステムをつくる」となれば、まずはWebにつながるコンピュータに何をどんな手順でやらせることで、その仕組みを実現させるか考えます。これをシステムの「設計」といいます。コンピュータにやらせることを、

「ユーザーが○○の操作をしたか?」
↓「YESなら画面のキャラを右に動かす」
↓「NOなら処理を待つ」

などと命令の流れがわかるフローチャート図にまとめるのです。より複雑なことをコンピュータにさせたいなら、関数や行列の計算をさせるアルゴリズム(計算などの手続き)から組むので、数学の知識も必要です。

命令の流れを図にまとめたら、今度はそれをプログラミング言語で記述したプログラムにします。その際は、「自分で一からプログラムをつくるか」、それとも「誰《だれ》かがすでにつくったものを使うか」も検討します。

考えてもみてください。「画面のキャラを右に動かすプログラム」は、すでに作成されたものがありそうですよね。そうしたよくある命令体系は、無料や有料で使える「ライブラリ」としてまとめられているので、一から考えず、すでにあるものをパーツのようにして、全体のプログラムに組《く》み込《こ》むんですよ。

美しくてシンプルなコードをめざす

もちろん、僕《ぼく》らがプログラミング言語を使って一からプログラムをつくる部分もあります。一般《いっぱん》には「コードを書く」というのですが。

コードを書く時に心がけているのは、美しくてシンプルなコードにすることです。

というのも、フローチャート図にまとめた命令の流れを、何も考えずそのままプログラミング言語で記述すると、序盤《じょばん》、中盤《ちゅうばん》、終盤《しゅうばん》に同じような命令が何度も出てくるごちゃごちゃしたコードになるんですよ。重複した命令を、流れを工夫して1回の命令にまとめれば、全体がコンパクトになり、コードを書くための時間も短縮できます。それだけではありません。無駄《むだ》な重複のない、シンプルなコードなら、ひと通りのプログラムを書いたあと、正常に動かないバグが発生しても、どの命令に問題がありそうか、自分や他人が調べやすく、修正をしやすいのです。

さらにWebサイト完成後、システムを見直すことになった時も、どこをいじればよいか判断がつきやすく、改善しやすくなります。

つまりコードを書く時は、「コンピュータが理解できる記述」にするだけでなく、「人間である自分や仲間がチェックや改善をしやすい記述」にすることも重要なのです。

3

技術をみがき、できることを増やしていく

この仕事のおもしろさは、システムやコードへの理解が深まるほど、コンピュータでできることが増えることです。世界中のプログラマーが今もよりよいシステムやコードを考案しているので、好奇心《こうきしん》をなくさなければ、一生、飽《あ》きることはないんじゃないかなあ。

eyesという部屋中《へやじゅう》をスクリーンにできる家庭用ロボットのWeb制作では、「これまでにないWebサイトを開発しよう」という話も出ているんですよ。そこでまず問われるのは発想力ですが、その発想を実現するためのWebの技術も欠かせません。システムやコードに関する技術をさらにみがいて、世の中の人を驚《おどろ》かせたり、楽しませたりするシステムを形づくれたらいいな、と思っています。

仕事で意識すること、めざすこと

◉仕事で意識すること

矛盾《むじゅん》や抜《ぬ》けのない命令体系。

確認や修正をしやすいコード。

プログラムの最新技術の動向。

◉めざしていること、大事にしていること

「コンピュータをねらい通りに動かすプログラム」を実現すること。

美しくシンプルなコードを心がけ、技術について学び続けること。

生産調整会議

精密機械メーカーOWLの工場の打ち合わせスペース。現場リーダーの製造課の主任と、生産管理、生産技術、品質保証の担当が集まり、工場で生産する部品の順番を議論している。一部の原材料が届いておらず、計画通りに生産できないトラブルが発生したためだ。

メーカーの製造「だから、いきなりそんなことを言われても困るんだよ」

メーカーの生産管理「このような相談ごとを申し訳ありません。一部の原材料が海外から届くのが遅《おく》れていて、このままではこの部品を予定していた個数分、製造できなくなり、**eyes** の生産計画も狂《くる》ってしまう状況《じょうきょう》でして……。私の見込《みこ》みの甘《あま》さもあってほんとうに申し訳ないのですが、このラインで生産する部品について、前後を入《い》れ替《か》え、今製造できる部品からつくってもらえないでしょうか」

メーカーの生産技術「新しく稼働《かどう》させた設備には、レンズの洗浄がうまくいかず工程が複雑になっていたところがあったと思います。品質保証部と原因究明にあたってきましたが、しっかりと洗浄《せんじょう》できるよう改善できるメドが立ちました。生産品種入《い》れ替《か》えの時に、その設備改良も行えば、あとからつくる部品の生産スピードを高められそうです。そのような形で進めるのはいかがでしょうか」

メーカーの品質保証「その際に、私たち品質保証部から製造部に提案していた、不良品発生率をさらに減らす改善策についても、できるところから始められないかと思い、今日はこの会議に加わらせていただきました」

メーカーの製造「あの設備のネックの部分を改善できるなら、われわれとしてもうれしい。だがそれを今やるとなれば、結局、スケジュールの大幅《おおはば》な見直しが必要になり、一時的とはいえ、工場のオペレーターや作業員にしわ寄せがくることはわかってほしいんだよ」

メーカーの生産管理「遅《おく》れている原材料は、船便ではなく航空便で取り寄せることで、1週間後には届く予定です。それ以降は生産を再開できます。前後を入《い》れ替《か》えて先につくってもらう部品については、必要な原材料をそろえる算段がついています。設備改良であとからつくる部品の生産スピードを上げられるとすれば、2週間後には余裕《よゆう》をもって生産できる体制に戻《もど》していけるかと思います。そのような形で対応してもらえないでしょうか」

メーカーの製造「……設備の生産品種の切《き》り替《か》えのタイミングに合わせて、われわれが気になっていた点も洗い出して、現場の改善を推し進める機会にしていこう。品質保証部から指摘《してき》されていたことも合わせてだ」

メーカーの品質保証「ありがとうございます。その際はぜひごいっしょさせてください」

メーカーの製造「ただ、生産計画にしても、設備にしても、われわれが毎回こんなふうに対応ができる、なんて思わないでほしい。いや、あなた方も一生懸命《いっしょうけんめい》がんばっているのはわかるんだけれども。現場に余裕《よゆう》がなくなって、オペレーターや作業員が安全や品質に十分に気を配れなくなったら、それこそものづくりは終わりだ。いざとなればみんなで必死に手足を動かせばいいなんて思わず、もっと早いうちから頭を使っていかないと。まあ、それは自分も含《ふく》めてなんだが」

CLOSE-UP

メーカーの生産技術

どんな仕事をしている？

◉工場設備の計画
設計図通りの部品を形づくるための工場設備を考える。

◉工場設備の導入
工場の設備を試運転させ、問題があれば調整をする。

◉工場設備の研究開発
最新の技術や発想を活かしたよりよい設備を研究する。

工場で製品を生産するプロセスを考える

みなさんは工場の「設備」を見学したことはありますか？　工場にある部品を加工・組み立てするためのさまざま装置《そうち》のことです。たとえば、ガラス素材を硬《かた》い工具で削《けず》ってレンズの形にする工作機械。熱でどろどろに溶《と》かしたガラスを「型」に流《なが》し込《こ》み、冷やして固めてレンズに成形する装置《そうち》。腕《うで》のような形をしていて、部品をつかんで運んだり並《なら》べたりするアーム型ロボット。

工場ではこれらの「設備」と「人」が力を合わせてものづくりをしています。オペレーター（操作員）が、工作機械を操作して部品を加工し、作業員が、アーム型ロボットのサポートを受けながら、電動ドライバーやピンセットで製品を組み立てる、といったように。

生産技術部門の仕事は、こうしたものづく

りのプロセスを考え、工場でさまざまな部品や製品を、安定して生産することができる体制に整えることです。私はそのなかで、レンズの設備を担当しています。設計担当が図面にしたレンズを、実際に工場で形づくるには、どんな装置《そうち》を入れて、オペレーターや作業員に何をしてもらえばいいか。そのプロセスを考え、現実にしていくのです。

工場のものづくりの技術を高める使命

eyesのような製品に合わせて、工場で新たなレンズの生産に挑《いど》む時は、事前に設計担当と話し合います。プロジェクターのレンズは、複数のレンズを組み合わせてできているので、どんな形状や材質のレンズをどう合わせるのか確認するのです。形状によっては工場で製造しづらいものもあり、私のほうから設計担当に見直しを提案することもあります。

ただ、いつも「その形状は無理」と言っていたら、ものづくりに進歩がないですよね。だから私たちが、今までは無理だったことを突破《とっぱ》する「新たな生産技術」を研究して生み出すことも大事です。レンズ加工であれば、ガラス素材を削《けず》る時の工具の角度・順序・力加減を工夫したり、ガラスを型に流《なが》し込《こ》んで固める時の成分・温度・時間・荷重を調整したりして。

つくる品質・早さ・コスト・安全を意識

レンズの設計が固まったら、その図面通りの形をつくる設備を考えます。すでにある工作機械やロボットを使い、オペレーターの操作で対応できないか。難しいなら、新たにどんな工作機械やロボットを購入《こうにゅう》するか。

そのように設備を構想する時に、常に意識していることが四つあります。

第一に「品質」です。ねらい通りの寸法や頑丈《がんじょう》さで、傷や汚《よご》れもないレンズを、安定して大量生産できる設備にすること。

第二に「早さ」です。つくる時間を短縮できないか、製造プロセスを検討します。早くできれば工場の生産能力が高まりますから。

第三に「コスト」です。人件費や原材料費、光熱費がかかりすぎない設備をめざします。

第四に「現場の安全・安心」です。工場のオペレーターや作業員の方が、安全に無理なく使えるような設備をめざします。

設備を導入してからの試行錯《さく》誤《ご》も

そうしてよく考えた上で、工場にレンズを生産する設備を立ち上げるのですが……試運転してみると、案外、いろいろな問題が出てきてしまうんです。eyesに使うレンズでも、「溶《と》かしたガラスを型に流《なが》し込《こ》んで固めたあと、剝《は》がれにくい」「レンズの洗浄《せんじょう》がうまくいかない」という課題が見つかりました。

そんな時は、工場の現場のリーダーやオペレーターと相談しながら、問題の解消をめざします。操作の手順や時間を変更《へんこう》したらどうか、洗浄剤《せんじょうざい》を替えたらどうか。

現場の人から「こんな設備じゃ使えないよ」と厳しい指摘《してき》を受けることもあります。でもそう言いながら、みなさん、改善策をとことん、いっしょに考えてくれるんですよ。こちらとしては申し訳ないやら、悔《くや》しいやら、ありがたいやらで、工場の設備というのは「現場の人との二人三脚《ににんさんきゃく》でつくるものだ」ということをあらためて噛《か》みしめています。

4

喜んでもらうために技術を発展させる

「設備」と「人」の協働パターンは無限大で、自由に発想できるのがこの仕事の魅力《みりょく》。「よいものを早く安く生産する設備」を実現すれば、リーズナブルに製品を販売《はんばい》でき、お客さまにも喜ばれるので、やりがいもあります。

ただ、生産の効率化だけに目を奪《うば》われると危うくもあるんです。どんなに早く安く生産できる設備でも、現場の人が使いづらいなら、いずれものづくりの根幹が崩《くず》れますから。私たちは「操作する人が快適に使える設備」をめざすことも絶対忘れてはいけないんですよ。

だから、理想は「お客さまにも現場の人にも喜んでもらえる設備」を生み出すことですね。一技術者として、これからもその目標を追い続けたい、と思っています。

仕事で意識すること、めざすこと

◉仕事で意識すること

工場でつくるものの品質。
工場の設備の生産の早さ、コスト。
つくる現場の安全・安心。

◉めざしていること、大事にしていること

「質のよい製品を安全に効率的につくるプロセス」を確立すること。
製品を買うお客さまや工場で働く人を想定して、設備を考えること。

CLOSE-UP

メーカーの製造

どんな仕事をしている？

◉加工や組立
原材料の加工や部品の組み立てを、工場の設備も使って行う。

◉改善活動
段取りの工夫や設備の調整で、ものづくりの質を高める。

◉現場の指導
リーダーは、現場の仲間への指導や、注意点の共有も行う。

段取りを工夫し、質の高いものづくりを

工場勤務20年になります。作業員から出発し、班長職を経て、製造2課の主任になりました。ものづくりのことを、一作業員の立場とリーダーの立場、両面からお話しします。

工場でやることは担当業務により違《ちが》います。

たとえばレンズ加工のオペレーター（操作員）。工場にはレンズを削《けず》る工作機械などの「設備」があるので、その設備が問題なく動くかチェックした上で、つくる部品に合わせて機械を操作します。資材の補充《ほじゅう》、工具の交換《こうかん》、仕上がりのチェックも行います。

製品組み立ての作業員。レンズや電子回路などの部品を手順書通りに組み立て、電動ドライバーでネジを締《し》めます。目視や手作業で、製品の傷の有無や作動感の検査もします。

いずれにせよ、これらの作業を一定の時間

内に終わらせます。「家庭用ロボットeyesをこの工場で1日に何台、1カ月で合計何台完成させる」といった計画を遂行《すいこう》できるように。そのために必要なスピードを身につけるには、まずはまあ、慣れることです。

でも慣れるだけじゃ足りない。

作業を無駄《むだ》なく着実にできるよう、「段取り」を工夫することも必要です。部品や工具をどこに置き、どんな順序で作業すれば、余計な動作やミスを減らせるか。設備点検や資材補充《ほじゅう》はどのタイミングで行えばいいか。頭を使ってものづくりをしてこそ、作業の質もスピードも高めていくことができるんです。

なんのためにその作業をやるのか考える

ものづくり全体の流れに興味をもち、そのなかで自分の作業が「どんな意味をもつのか」を考えることも大切です。

工場でおのおのが担うのは製品づくりのごく一部。ですが、自分がやる加工や組み立てが「その後の製造プロセスにどうつながり」「製品のどんな機能や性能に関係するか」まで想像できていれば、あとの作業をする仲間や、その先にいるお客さまのために、作業で何に注意すべきかが見えてきます。その意識があるか、それともただ言われたことをこなすかで、仕上がりはぜんぜん変わるんですよ。形を整えるだけの自己満足でいいんじゃない。「お客さまのために力を合わせてものづくりをすることを忘れるな」ということです。

どんな原理でものができるか理解する

自分たちが「どんな原理を応用してものづくりをしているか」を理解していくことも大

事ですね。いつも使う設備や工具はどういう仕組みになっていて、だから何ができるのか。設備や工具への理解が深まるほど、不用意なケガをしなくなり、加工の不調や機械停止などのトラブルにもみずから原因を探って対処できます。つくる部品に合わせて応用も利くようになり、製造プロセスや設備について「こう改善したらどうか」といったアイデアも浮《う》かんできます。こうなってくると、ものづくりは俄然《がぜん》おもしろくなるんですよ。

個々の仕事への自負がものづくりを支える

現場の班長や主任になったら、自身が身につけてきた技能や姿勢を、チームの仲間にも伝えていかねばなりません。現場でみんなの作業を見守り、手本を示し、作業が遅《おく》れたメンバーがいればそのフォローもしながら。

現場で不良品率の上昇《じょうしょう》や機械停止などの問題が起きたら、設備の導入や修理をする生産技術部門や工務部門といっしょに原因を探ります。その分析《ぶんせき》をもとに、「ここに気をつけよう」とみんなへの注意喚起《かんき》も行います。

そうしてチーム全体に大事なことを浸透《しんとう》させていく、というのがまたなかなか難しい。現場には正社員からパートさんまでいて、経験年数もバラバラで、ものづくりの意識をそろえたくても、一筋縄《ひとすじなわ》ではいかないから。

それだけに私としては、まずは働く全員が自分のやっていることに誇《ほこ》りをもてる職場にしたいと思っています。実際、みんなで作業を分担しながら、何種類もの部品を設計図通りに加工し、正確に組み立て、**eyes** のような高性能ロボットを完成させるというのは、すごいことだと思うんですよ。それも、たった1台を気張ってつくるのではなく、同じ機能や性能をもつ何千何百台ものeyesを工場から生み出すんだから。一人でも手を抜《ぬ》けば成しえないことだし、だからこそ、みんなが誇《ほこ》りをもって作業できるようにしたいんです。

安全第一で目標生産台数をめざす

誇《ほこ》りをもてる職場にする上で絶対欠かせないのが「安全」です。われわれには目標生産台数を達成する任務がありますが、焦《あせ》って無理に成《な》し遂《と》げようとすると、事故やミスを招きます。それを防ぐためには、生産計画や人員の配置からよく考えないとダメです。

この工場でみんなが無事に、張り合いをもって仕事ができるようにすること。それが現場にいるリーダーの最大の使命だと思っています。

仕事で意識すること、めざすこと

◉仕事で意識すること

現場の安全、つくるものの品質。
生産計画、段取り。
つぎの作業やお客さまを意識したものづくり。

◉めざしていること、大事にしていること

「質のよい製品を安全に安定してつくる製造現場」を実現すること。
安全第一で、全員が焦《あせ》らず、誇《ほこ》りをもって働ける職場にすること。

CLOSE-UP

メーカーの生産管理

どんな仕事をしている?

◉生産計画
どの製品を何月に、どの工場で、何台生産するか計画する。

◉原材料や部品の手配
必要な数の製品をつくれるよう、原材料や部品を手配する。

◉計画の見直し
部品の遅延《ちえん》など問題発生時に、対応を製造部門と話し合う。

過不足ない生産と工場の安定操業をめざす

生産管理部がめざしていることをひと言でいえば、「工場でつくる製品の生産台数をうまい具合にコントロールする」ことです。この「うまい具合に」とはどういうことかというと、二つの意味があるんですね。

まずひとつは、「さまざまな製品を余ることも不足することもないように生産する」ことです。製品をつくりすぎると、余った品が倉庫に積み上がり、保管費がかかり、売れずに処分する品も出てきて大損失です。かといって、製品の生産台数を抑《おさ》えすぎると、全国のお店で品不足を起こし、売り時を逃《のが》してこれまた手痛い損失になります。「必要なものを必要な数だけ生産する」というのが、理想のものづくりなのです。

もうひとつは、「工場が安定操業できるよ

うに生産する」ことです。製品にはたくさん売れる月と、そうでもない月があります。ですが、それに合わせて工場の生産台数を毎月増減させたら、働く人が激務《げきむ》になったり暇《ひま》になったりと大変です。「たくさん売れるこの月の分は、前月から生産しよう」などと、生産の波をなだらかにする工夫も必要なんです。

この二つの点を踏《ふ》まえて、「どの製品を、どの工場で、いつまでに何台生産するか」「そのためにどの原材料や部品を、いつまでに、いくつそろえるか」を計画し、実行していくのが、私たち生産管理部の仕事になります。

各部門と相談しながら生産計画を立てる

実際に計画を立てる時は、まず営業部門から情報をもらいます。営業部門は、全国の家電量販店《りょうはんてん》や、海外の販売《はんばい》会社に「うちの製品をお客さまに売ってください」ともちかけているところ。過去に「どの製品が、どの地域で、いつごろ何台売れたか」を把握《はあく》していて、その実績をもとに、今後の各製品の売れ行き見込《みこ》みを出してくれるのです。

私たちはその見込《みこ》み台数をそろえられるよう、かつ工場の生産台数を安定させられるように、「この月にこれを何台生産し、翌月は何台生産しよう」などと計画します。国内・海外の工場とも話し合います。各工場の得意分野や生産能力を踏《ふ》まえて、どこにどの製品を何台お願いするか、詳細《しょうさい》を詰《つ》めるのです。

並行《へいこう》して購買《こうばい》部門ともやりとりします。この部署にはバイヤーといって、鉄板やネジ、半導体など、製品に必要な原材料・部品を世界中から買い付けているプロがいるんですよ。そのバイヤーに「この部品をこの期日までに、この数だけ納めてくれる取引先はないか」などと相談するのです。うちの工場で製品の生産が始まるまでに、必要な原材料・部品をしっかりとそろえないといけません。

不測の事態にも生産を止めないように

あとは立てた計画を実行に移していくわけですが、実は「計画の見直し」が必要になる状況《じょうきょう》もしばしば発生するんです。悪天候で海外から届く資材の到着《とうちゃく》が遅《おく》れたり、買い付けた部品に不良が見つかったりして、「必要な原材料・部品が足りないので計画通り生産できない」時。あるいは、見込《みこ》み以上に製品が売れて、「計画を見直して生産を増やさないと、品切れを起こしてしまう」時です。

こうした事態にはみんなで対策を考えます。船便より割高だけど到着《とうちゃく》の早い航空便で部品を取り寄せたり、工場の生産の順番を入れ替《いか》えてもらって資材不足や増産に対応したり。

ただ、生産計画の見直しは、工場で働く人たちに、勤務シフトの変更《へんこう》や部品の運び直しで負担を強いることになります。その大変さを知りもせず、軽い気持ちでお願いしたら、工場との信頼《しんらい》関係は崩《くず》れ、うまく意思疎通《そつう》できなくなり、もっと計画が狂《くる》いかねません。

だから生産管理は、事務職とはいえ、ものづくりへの理解を深めないといけない、と思っています。何をお願いできて、何が無茶なのか、よく考えて現場と相談できるように。

同時に、悪天候など不測の事態にも慌《あわ》てなくていいよう、生産計画を工夫することも自分の責務だと思っています。eyes の生産でも、原材料の到着《とうちゃく》の遅《おく》れを、結局、工場のみなさんにカバーしてもらって……。弁明したいこともないわけではないですが、あの時は自分の見通しの甘《あま》さに腹が立ちました。

欲しいお客さまに着実に製品を届けていく

私たちは自分の手で部品の加工や製品の組み立てをしているわけではないですが、生産管理を通して、工場の現場の人たちといっしょにものづくりを進めている、という自負をもっています。それだけに、工場から計画通りに製品を送り出せた時は、「やりきった」という充実感《じゅうじつかん》のようなものがあります。

これから販売《はんばい》するeyesも、たくさん売れて、世界中のお客さまに喜ばれる製品になってほしいですね。その際に、「売れているのに品切れで、お客さまが買えずにいる」なんていう失態を起こさないよう、日々の生産をしっかりとコントロールしていきたいです。

仕事で意識すること、めざすこと

◉仕事で意識すること

工場の稼働《かどう》状況《じょうきょう》、在庫の状況《じょうきょう》。
製品の売れ行きや見込《みこ》み。
必要な原材料や部品の納品状況《じょうきょう》。

◉めざしていること、大事にしていること

「過不足のない製品の生産と、工場の安定操業」を実現すること。
ものづくりへの理解を深め、現場に即《そく》した生産計画を立てること。

CLOSE-UP

メーカーの品質保証

どんな仕事をしている?

◉工場の製品の品質検査

仲間がつくった部品や製品を検査し、品質をチェックする。

◉製造工程の品質評価

工場の製造の仕方を確認し、品質向上のための改善をうながす。

◉開発工程の品質評価

製品開発の構想を確認し、品質向上の視点から意見する。

世に送り出す製品の「品質」を保証

品質保証部の使命は、当社がつくって世に送り出す製品を「求められる品質を満たしている」状態にすることです。そのために品質保証部では、つくる製品の仕上がりをチェックし、不良品や安全面の不安があれば開発や製造部門に見直しを求め、そうすることで「うちの製品の品質はだいじょうぶですよ」と保証していく役割を担っています。

私はこれまでに、二つの拠点《きょてん》で品質保証の仕事をしてきました。以前は工場にある品質保証課で、製造された部品や製品の検査を。今は本社にある品質保証本部で、ものづくりのプロセス全体にかかわる品質評価を。

これだけの説明ではわかりづらいかもしれませんが、要は品質保証とは、一カ所でやるものではなく、各部門の仲間と協力して全社的に行うものなのです。自分の経験も含《ふく》めて、その品質保証の全体像をお話ししましょう。

工場では品質を保つ最後の砦《とりで》として

ところで「求められる品質」というのは、つくる品物によって違《ちが》ってくるんですね。

たとえば、ヨーグルトのような食品をつくるなら、「おいしさ」「安全性」「栄養」を高めることなどが、求められる品質になります。

一方で、eyesのような家庭向けの機械をつくるなら、映像投影《とうえい》などの「機能」や、映像の明るさなどの「性能」、それから故障や事故が起きにくい「耐久性《たいきゅうせい》」や「安全性」、傷やムラのない「見た目」を実現させることなどが、品質として重要になります。

工場の品質保証課では、仲間がつくった部品や製品について、これらの品質をさまざまな手法でチェックしています。例をあげれば、ゲージ類や分光光度計といった測定機器を使ったレンズの形状や反射率の検査、完成した製品を操作して動作確認をする試験などです。

こうした検査や試験は、実は「慣れてからが怖《こわ》い」んですね。検査で問題が見つかることはまれで、でもそれで「今日もだいじょうぶだろう」と気持ちがゆるむと、異変を見逃《みのが》しかねないからです。実際、部品の不具合を最初の検査で見過ごし、つぎの検査で食い止めて、あわやということがありました。

ですから常に緊張感《きんちょうかん》をもって検査することが大事。適当にチェックし、もし問題のある製品を見過ごしたまま工場から世に出したら、お客さまは不良品を手にして困り、会社は信用を失います。品質を満たすための最後の砦《とりで》となるのが、工場の品質保証課なんです。

本社では品質をつくり込《こ》む旗振《はたふ》り役《やく》に

「求められる品質」を満たすためにできることはまだあります。新製品の構想、開発、生産という、ものづくりのプロセスごとに、各部署の仲間と協力して「品質をつくり込《こ》む」ことです。それが今、本社の品質保証本部で私がやっている仕事です。

たとえば、工場でつくる製品に不良品が多く発生しているなら、検査で不良品を取り除くだけでなく、前段階の工場の製造の仕方、要は「生産技術」から見直し、不良品が出ること自体を減らせば、品質を高められます。設備を動かす速度や温度の調整、原材料の見直し、部品洗浄《せんじょう》のやり方の変更《へんこう》など、生産現場でできる工夫はいろいろあるんですよ。

あるいは、不良品が発生しやすい根本の原因が、「工場で製造しづらい複雑な部品の形状」にあるなら、より前段階の「部品の設計」から見直してもらい、工場での製造のしやすさを高めれば、品質が安定します。

こうした品質にかかわることを、生産技術や製造、機械設計の担当者らと話し合い、よりよいものづくりの体制を整えていくのです。

さらに前段階の「製品の構想」の時に、品質保証部として意見することもあります。家庭用ロボットeyesでは、ボディーから2本の腕《うで》を伸《の》ばすデザイン案に、安全面から疑問を出しました。ただしデザイナーの熱い思いもよくわかったので、設計や生産技術の担当とも話し合い、最終的に「当初の構想より腕《うで》を短く太くし、耐久性《たいきゅうせい》を高めてこのデザインを実現する」という結論をみんなで出しました。ほかにも、ユーザーが製品の尖《とが》った部分でケガをしないか、機械が高熱になって火傷《やけど》しないか、などといった点も、構想段階で確認します。

品質へのこだわりが価値を生むと信じて

製品の開発や生産をする仲間からすれば、品質保証部は、問題の指摘《してき》や改善要求ばかりするので、うるさく感じることもあるだろうなあと思います。でも、品質にこだわることが製品の価値を高める、と信じているので、言うべきことは言うようにしています。

だからこそうれしいのは、当社の製品について、お客さまから「しっかりしている」「安心して使える」という声をいただいた時です。eyesも長く愛される製品になるように、仲間と力を合わせて、品質をしっかりとつくり込《こ》んでいきたいと思っています。

仕事で意識すること、めざすこと

◉仕事で意識すること

お客さまに求められる品質。
機能、性能、耐久性《たいきゅうせい》、安全性、
見た目などの「品質」の保証。

◉めざしていること、大事にしていること

「求められる品質を常に満たせる、ものづくり体制」を実現すること。
緊張感《きんちょうかん》をもって検査し、品質のために言うべきことは言う姿勢でいること。

第2章

商品を届ける

Scene 5

プロモーション戦略会議

精密機械メーカーOWLの本社会議室。eyesのことを大勢の人に知ってもらい、なおかつ「買いたい」と思ってもらうために、どんなプロモーション（販売促進活動《はんばいそくしん》）を展開するか議論している。出席者は、商品企画《きかく》、販売《はんばい》企画《きかく》、宣伝、営業部門それぞれの担当だ。

メーカーの販売企画《はんばいきかく》「コンセプトは、女性の『すこやか』と『やすらぎ』を応援《おうえん》する暮《く》らしのパートナーロボットということですよね。そのイメージをどう打ち出しましょうか」

メーカーの商品企画《きかく》「パンフレットやパッケージのビジュアルイメージとしては、女性がeyesのプロジェクターを使って、壁《かべ》に映したWeb動画を見ながら料理をしたり、天井《てんじょう》に映した動画を見ながらヨガをしたりする姿を示していければ、と思っているのですが」

メーカーの宣伝「使い方の例を示すだけで、今回のコンセプトが伝わりますかね？『壁《かべ》や天井《てんじょう》にWebサイトを映せるeyesだから可能になる生活がある』というのをアピールするのはよくわかるし、賛成です。ただ、eyesを使った料理やヨガのシーンを示すだけで、『すこやか』と『やすらぎ』を応援《おうえん》するロボットだと感じてもらえるのかな、と」

メーカーの販売企画《はんばいきかく》「私もそこは同感です。それに、商品企画部《きかくぶ》が最初に熱く訴《うった》えていたのは、ぬいぐるみのような存在にしたい、という点だったように思うのですが。家の中でeyesを抱《だ》きしめたりするような」

メーカーの宣伝「料理とかヨガとか、eyesの使い方の例をガンガン示すのか。それとも

『すこやか』と『やすらぎ』をもたらす存在として、ぬいぐるみのようなイメージをより前面に打ち出すか。ほかのロボットとの差別化をはかり、印象づけるには、ぬいぐるみの方向性がいいんじゃないでしょうか」

メーカーの営業「ぬいぐるみのような存在という宣伝もわからなくはないです。でもeyesとぬいぐるみでは価格帯が違《ちが》います。値の張る家電製品を買う時は、女性も機能や性能を気にします。高性能プロジェクターをはじめとするeyesの機能や性能を、真正面からアピールすべきじゃないですか」

メーカーの販売《はんばい》企画《きかく》「とはいえ、家電量販店《りょうはんてん》でも、ヘアアイロンやフットマッサージ器などの美容・健康機器をそろえた売場は、ほかと雰囲気《ふんいき》が違《ちが》いますよね。製品より女優さんが大きく写ったポスターが貼《は》られていたり。

それを踏《ふ》まえて考えてもいいんじゃないでしょうか。それと、最近は百貨店もロボット売場を設けています。女性にとってはなじみのある場ですし、eyesを取《と》り扱《あつか》ってもらえるよう、ぜひ営業をかけてほしいんですよ」

メーカーの宣伝「料理に使えるのを売りにするなら、テレビ局にeyesを料理番組に出させてもらえないか、打診《だしん》もできますよ」

メーカーの商品企画《きかく》担当「すみません。そこはもう一度よく考えさせてもらえますか。先ほどの指摘《してき》のように、料理というのはあくまでもeyesの使い方の一例であって、それ以上に伝えたいことは『暮《く》らしに寄《よ》り添《そ》うロボットであること』なので。人気の料理番組に出演できたとしたらありがたいですが、『料理に使うロボット』というイメージがつきすぎるのも避《さ》けたいんです」

CLOSE-UP

メーカーの販売企画

どんな仕事をしている？

◉市場調査

お店のタイプや、お客さまの買い物の傾向《けいこう》を調べる。

◉販売《はんばい》戦略の企画《きかく》

どんなお店で、どんな演出や接客で、商品を売るか考える。

◉マニュアルの作成

売場の販売員《はんばいいん》のために、商品説明のマニュアルをつくる。

お店で商品をどのようにアピールするか

販売《はんばい》企画《きかく》の仕事は、「お客さまの心をつかむ売り方」を考えることです。

たとえば家庭用ロボットeyes。あなたがお店の販売員《はんばいいん》なら、お客さまに何を伝えたいと思いますか？　商品のコンセプト、多彩《たさい》な機能、性能のよさ、暮《く》らしへの提案。伝えたいことは山ほどあります。でも、全部をいっぺんに伝えたら焦点《しょうてん》がぼやけて印象に残りません。どこにポイントを絞《しぼ》りましょう？

そのポイントをお客さまに感じてもらうには、店内にどんな演出をすればいいと思いますか？　どんな言葉、写真、映像、実演（デモンストレーション）で見せましょうか。

ところで「お店」とひと口にいっても、eyesの売場は、インターネットのオンラインショップ、家電量販店《りょうはんてん》、百貨店といろいろあります。そしてお店が変われば男女比や年代などお客さまの層も変わります。だから「お店のタイプに合った売り方」も考えます。販売《はんばい》企画では、こうした戦略を練ることで、お客さまがお店でeyesに目をとめて、買ってくださることをめざすんです。

お店を訪れるお客さまを調査・分析《ぶんせき》

売り方戦略を練るためにまず行うのは市場調査です。

どのお店にはどんな層のお客さまが多く、そのお客さまは商品を買う時に何を重視しているか。調査会社に依頼《いらい》して数量的なデータをとることもありますし、自分たちでお客さまにヒアリングすることもあります。会社帰りや休日にお店に寄り、自分の目でお客さまのようすを観察することも大事ですね。

売場に合わせた商品の展示を

つぎに、調査でわかったお客さまの傾向《けいこう》を踏《ふ》まえ、どんなお店でどう売るかを考えます。eyesの販売《はんばい》ルートとして開拓《かいたく》したいのが百貨店です。いくつかの百貨店は、さまざまなロボットをそろえた売場を設け始めています。会話を楽しむコミュニケーション型ロボット、プログラミングや工作を学ぶ教育型ロボット、掃除《そうじ》や洗濯《せんたく》を助ける生活サポート型ロボット。その売場には、お子さんを連れたお母さんや、一人暮《ぐ》らしの女性も足を運ばれているので、女性にeyesを知っていただく絶好の機会になると思うんですよ。

ではその売場でeyesをどう目立たせましょう? 女性のすこやかとやすらぎを応援《おうえん》する、というコンセプトは、売場のパンフレットや卓上広告で伝えたいところです。あとはeyesのプロジェクターで、クッキング動画とかを映す実演もできたらいいけれど、限られた売場でそこまでスペースは取れません。であれば、バーコード付きの小さなカードを店頭に置き、お客さまが持ち帰ってバーコードをスマホで読《よ》み込《こ》むと、eyesの専用サイトにつながるようにしたらどうでしょう?

数ある魅力《みりょく》のうち何がもっとも響《ひび》くのか

売場のパンフレットのビジュアルや、オンラインショップに載《の》せる写真や映像も考えます。この点は、テレビCMや雑誌広告を手がける宣伝担当との協働作業ですね。

今回のeyesのイメージ戦略は、悩《なや》ましいです。家庭用ロボットは各社からさまざまなタイプが出ましたが、位置づけはまだ曖昧《あいまい》です。そこに「ぬいぐるみのように寄《よ》り添《そ》う」というイメージを打ち出せば、ロボットに興味のない女性も目をとめると思うんですよ。

でもその路線でいくと、eyesのプロジェクターの機能や性能を、同時にしっかりとアピールするのは難しくなります。製品のポスターやパンフレットで、機能や性能のことを数値も含《ふく》めて強調していたら、ぬいぐるみのような世界観はつくり出せませんから。

家電製品は機能や性能を前に押《お》し出《だ》すべきではないか。初代eyesはプロジェクターの性能を売りにしたのに、2代目がそこを強調しないのか。社内ではそんな意見も出ました。

ただ、市場調査のデータでは、家電製品を買う時でも、女性のお客さまは男性以上に「直感」を大事にしている傾向《けいこう》が確認できているんです。女性の感性に訴《うった》えるという売り方の可能性を、私はやっぱり追いたいです。

商品に込《こ》めたみんなの思いをお客さまに

とはいえeyesの機能や性能を伝えないわけではありません。たとえば、ぬいぐるみのような世界観でお客さまがeyesに興味をもたれたなら、店頭にいる販売員《はんばいいん》さんに「どんな機能や性能でお客さまを癒《いや》すのか」も説明してもらう、とか。そうした販売員《はんばいいん》さん向けの「接客マニュアル」も私たちが考えます。

社内では今、「これまでにないロボットをつくろう」という機運が高まってきています。その私たちの熱い思いを、お客さまにもぜひ届けたいんですよね。その結果、たくさんのお客さまがeyesに目をとめてくれるようになり、買って使って喜んでいただけたなら、販売《はんばい》企《き》画《かく》として本望です。

仕事で意識すること、めざすこと

◉仕事で意識すること

お客さまの買い物の傾向《けいこう》。
お店のタイプ、自社商品の特徴《とくちょう》。
PR手法、販売員《はんばいいん》との情報共有。

◉めざしていること、大事にしていること

「お客さまの心をつかむ売り方」を考え、全国や世界に展開すること。
友人をはじめ、人びとの暮《く》らしについて興味をもって見聞きすること。

CLOSE-UP

メーカーの宣伝

どんな仕事をしている？

◉市場調査
どんなお客さまが、どんな宣伝にふれているか調査する。

◉宣伝戦略の企画《きかく》
商品の何を、どんなメディアやイベントで宣伝するか考える。

◉広告やイベントの展開
CMやWeb広告、ポスター、告知イベントなどを展開。

宣伝の情報の中身と手段を考える

宣伝の仕事は、当社の商品を大勢の人に知ってもらえるように、なおかつ「買いたい」と思ってもらえるように、どんな情報を、どんな手段で発信するかを考えることです。

「どんな情報を」というのは、言《い》い換《か》えるなら、宣伝したい商品のどのポイントを優先的に伝えるかを考える、ということです。

たとえばeyseなら「女性のすこやかとやすらぎを応援《おうえん》」「寝室《しんしつ》でもキッチンでもリビングでも使える」「高性能プロジェクター搭《とう》載《さい》」「eyesだから楽しめるクッキングサイトや、寝《ね》ながらヨガをするサイトがある」などなど、知ってほしいことはたくさんあります。

でもそれらをいっぺんに説明しても、聞いた人は覚えきれません。街中にこれらの情報をすべて載《の》せたポスターがあっても、パッと見じゃ読みとれないでしょう。あれもこれも伝えようとすると、かえってその商品は印象に残らなくなるんです。だから、お客さまに興味をもってもらうには特に何を訴《うった》えればいいか、伝えるべき情報をよく吟味《ぎんみ》します。「どんな手段で発信するか」というのを見定めることも重要です。

テレビCM、ラジオCM、Webサイトの広告、新聞や雑誌の広告、街中や電車内のポスター、タレントさんを活用した宣伝イベントなどなど。宣伝の手段はいろいろあります。それらを全部できれば最高ですが、宣伝にかけられるお金は限られています。

だから、今回のターゲット層のお客さまにはどんな手段で発信するのがもっとも効果的かを考え、その分野にお金も人的資源も投じていくのです。

どんなビジュアルや言葉で宣伝するのか

eyesの宣伝で僕《ぼく》が心配しているのは、寝《しん》室《しつ》でもキッチンでもリビングでも使えることを強調しすぎると、「何でもありのロボット」と見られて、結局「何が特徴《とくちょう》かわからない」といった印象になりかねないことです。

お客さまに伝えたいことは、ほかに「ぬいぐるみのような存在」というのがありますが、僕《ぼく》はこのイメージを大事にしたいんですよね。そのほうが、**eyes**とはどんなロボットかを感じてもらえると思うからです。そう考えた時、「そもそもぬいぐるみって、ふだんから寝室《しんしつ》でもキッチンでもリビングでも使うものだっけ？」と思ったんですよ。

そこで商品企画《きかく》部門とも話し合い、**eyes**の宣伝の写真や映像では、つぎのようなイメージを軸《じく》にすえることにしました。ふだんeyseはぬいぐるみといっしょに「寝室《しんしつ》」にいる。そのeyesを、部屋着姿《へやぎすがた》の20代の女性が抱《だ》っこして、気ままにリビングやキッチンに連れ歩く。小さな子どもがお気に入りのぬいぐるみを手放さず、どこにでも抱《かか》えていくように。具体的な写真や映像、キャッチコピーや音楽については、広告制作会社といっしょに詰《つ》めていきたいと思います。

今回の宣伝にふさわしいメディアは？

ではそんなeyesの情報を、どんな手段を使って発信していきましょうか。

これまで、当社の家庭用プロジェクターの宣伝では、デジタル系の雑誌やWebサイトに広告を出していました。ですが今回のeyseは女性向けで、機械に苦手意識のある方にも知ってほしい商品です。ですので、ファッションやライフスタイルを扱《あつか》う女性誌やWebサイトに広告を出そうと思っています。

新聞広告も考えましたが、ターゲット層の20〜34歳《さい》の女性が最近では新聞をあまり購読《こうどく》していないので見送ります。年配の方への宣伝なら、新聞広告は効果大なんですが。

テレビCMは、予算の関係でそこまでお金をかけられず、今回はできません。

その代わり、社会人の利用が多い、実名で交流するSNS（ソーシャル・ネットワーキング・サービス）で、当社の公式アカウントから積極的に発信し、口コミやシェアによる情報拡散をねらいたいと思います。余談になりますが、もし10代に宣伝するなら、よりカジュアルなSNSや動画共有アプリで、情報拡散をめざすという戦略も考えられますね。

宣伝を通して世の中にムーブメントを

あとは、まだアイデア段階ですが、eyesに着《き》せ替《か》えできる前かけを「刺繍《ししゅう》入りで手づくりする体験講座」を全国のお店で開催《かいさい》することも考えています。その前かけをeyesに着せて抱《だ》っこした写真をユーザーさんから募《ぼ》集《しゅう》し、Webサイトで披露《ひろう》もして。ただ、これだけではイベントの魅力《みりょく》がまだ乏《とぼ》しいので、多くのユーザーさんが参加したくなる仕掛《しか》けをもっと考えないとダメですね。

宣伝の使命は「当社の商品を知らしめること」ですが、その宣伝がツボにはまれば「世の中に新たなムーブメントを起こす」こともできると僕《ぼく》は信じています。eyesの宣伝を通して、人間とロボットが共存する暮《く》らしを、この社会に広げていけたらと思っています。

仕事で意識すること、めざすこと

◉仕事で意識すること

宣伝の方針・目的の明確化。

効果的な宣伝手段、表現手法。

ターゲット層のライフスタイル。

◉めざしていること、大事にしていること

「ターゲット層の認知や購買《こうばい》につながる宣伝」をすること。

伝える内容や相手に合わせて、宣伝手段も表現も変えること。

売場づくりの勉強会

モズ百貨店の本社応接室。家庭用ロボット売場の責任者であるマネージャーと、さまざまなロボットを買い付けているバイヤーが、精密機械メーカーＯＷＬの営業担当と、合同勉強会を開いている。ロボット売場の在り方について情報交換《こうかん》し、学び合うのがねらいだ。

百貨店のバイヤー「今の状況《じょうきょう》からお伝えしますと、私たちのロボット売場では、三つのジャンルを軸《じく》に商品を展開しています。ひとつめは『コミュニケーション』。話しかけることで家電を操作できるロボットや、予定や天気の確認ができるロボットをそろえています。二つめは『教育』。プログラミングを学べるロボットや、英会話を学べるロボットです。三つめが『生活サポート』。お掃除《そうじ》ロボットや家族見守りロボットを置いています」

百貨店の売場マネージャー「その売場で私が感じているのは、ロボット売場そのものがもつエネルギーです。何体ものロボットが店頭にあると、お客さまは『ロボットとの共同生活が近づいてきた』と感じるようで、結構、足をとめてくださるんですよ。目下の課題は、展示スペースが限られていて、使い方の実演まで十分にできずにいることです」

メーカーの営業「スペースの問題もあって難しいかもしれませんが……四つめの柱として『健康』のコーナーをつくるのはどうでしょう。コミュニケーションロボットのなかにも癒《いや》しを目的としたロボットがありますし、健康管理を手助けするロボットもあります。弊《へい》社《しゃ》のロボット**eyse**も、女性の健康とやすらぎを支えることをコンセプトにしています」

百貨店の売場マネージャー「『健康』は確かにいいですね。特に社会人になると、健康面はたいていの人が気にしますし、お客さまの目を引くコーナーになりそうです」

百貨店のバイヤー「参考までに申し上げると、私たちの売場に今いちばん関心を示されているのは、小学生ぐらいのお子さんがいるご家庭です。学校でプログラミング教育が始まり、人工知能も注目されていて、ロボットのことを学ばせたいというニーズが強まっているのだと思います。そこで『教育』のジャンルを、『〇〇を学ぶ』とさらに分類して展示することも検討しています。素人考《しろうとかんが》えですが、プロジェクター搭載《とうさい》のeyesでも『ロボットと会話しながら映像の編集や加工を学ぶ』ような新機種をつくれないでしょうか」

メーカーの営業「ご提案ありがとうございます、いやあ、そんなロボットがあったら私も欲しいですね。戻《もど》ったら商品企画部《きかくぶ》にすぐ伝えます。私からも一点いいですか？『教育』『健康』などの1テーマで、ロボットだけでなく、関連するデジタル機器や映像作品、本までそろえた期間限定の特設コーナーをつくるのはどうでしょうか。私がお取り引きする家電量販店《りょうはんてん》さまは、店内に『美容・健康』の特設コーナーをつくり、大画面テレビ、プロジェクター、ヨガや筋トレの映像作品、スポーツ用品、体脂肪計《たいしぼうけい》などをとりそろえ、新規の女性客を呼《よ》び込《こ》むことに成功しています」

百貨店のバイヤー「トータルに暮《く》らしの提案をするわけですね。まさに私もそこを強化していきたいんですよ。よろしければその話、もう少しくわしく教えていただけますか？」

CLOSE-UP

メーカーの営業

どんな仕事をしている？

◉売《う》り込《こ》み

お店に、自社商品を売場で扱《あつか》ってほしいと提案する。

◉契約交渉

どの商品をいくらでいくつ、お店に納めるか交渉《こうしょう》する。

◉売場の支援《しえん》

お店が繁盛《はんじょう》するよう、店頭の宣伝やイベントに協力する。

「個人」か「法人」に商品を売《う》り込《こ》む

営業の仕事というのは、平たくいえば「自分たちの商品を売《う》り込《こ》む」ことで、そのやり方には、実は二つのタイプがあるんですね。

ひとつは個人営業。個人のお客さまに商品を売《う》り込《こ》みます。「車を買いませんか」「生命保険に加入しませんか」といったように。

もうひとつは法人営業。法律上、人と同じような取引ができる「法人」——具体的には「企業《きぎょう》」や「学校」などに商品を売《う》り込《こ》みます。全国にお店をもつ企業《きぎょう》に「うちのロボットをそちらのお店で販売《はんばい》しませんか？　いっしょに儲《もう》けましょう」と売《う》り込《こ》んだり。学校に「プロジェクターはいりませんか？　授業に役立ちますよ」と売《う》り込《こ》んだり。

僕《ぼく》の仕事は、2番目に説明したほうの法人営業です。それも、全国各地にお店をもっているような企業《きぎょう》に対して「うちの商品をお店で扱《あつか》いませんか」と売《う》り込《こ》むタイプの。

お店に「商品を置いて」と売《う》り込《こ》む

お店をもつ企業《きぎょう》への売《う》り込《こ》みでめざすのは、お店の売場に商品を置いてもらうことです。

よかったら近くの家電量販店《りょうはんてん》を、一定期間、観察してみてください。目立つ棚《たな》にあったあるカメラが、しばらくすると他社の別のカメラに取って代わることがあるはずです。つまり僕《ぼく》らメーカーは、ライバル会社と「お店の棚《たな》を奪《うば》い合《あ》う攻防《こうぼう》」をいつもしているんですよ。なぜなら、どんなによい商品でも、お店の売場のどこにもなければ世間の人びとの目にとまらず、買っていただけるチャンスを逃《のが》すからです。全国のお店の棚《たな》に置いてもらうことで、商品を広く「分布させる」ことが、お店に売《う》り込《こ》む営業の使命なんです。

商品の説明から売り値の交渉《こうしょう》まで

ではどうすれば、よその商品ではなく、うちの商品、たとえばeyesをお店の棚《たな》に置いてもらえるのか。いちばんの理想は、お店側が「この商品は絶対売れる」と思ってくれて、店頭で大々的に売り出してくれることです。

だからこそお店との商談には力を入れます。お店には「バイヤー」という、さまざまな商品を買い付けるプロがいるんですね。そのバイヤーに「こんな新商品もどうですか?」と提案するのです。あるいは、自分たちで新商品をそろえた展示会を開いたり、各社合同の展示会に参加したりして、そこにバイヤーを招き、説明することもあります。

新商品を売《う》り込《こ》むだけでなく、当社の商品

がすでに置かれている棚《たな》を、よその商品に奪《うば》われないようにすることも大事です。そこでバイヤーとは「どの商品をいつまでに、どの価格でいくつ納めるか」という交渉《こうしょう》もします。

これがまたシビアなんですよ。

よく売れている商品を「安い価格」で「望まれた数」だけ納めれば、お店には喜ばれます。でもそれでは僕《ぼく》らが儲《もう》からないし、うちの生産計画もめちゃくちゃになります。言いなりではダメで、バイヤーさんと交渉《こうしょう》し、「おたがいに利のある」価格や納品数にまとめることをめざします。

お店に頼《たよ》られるような売場支援策《しえんさく》を

うちの商品をお店に選んでもらえるよう、営業にできることはまだあります。お店が何に困っているか、何を望んでいるかを聞き出し、そのお店の課題の解決をいっしょにめざすんです。

たとえばお店から「カメラの売れ行きが鈍《にぶ》い」という話を聞き、販売企画部《はんばいきかくぶ》と協力して店頭ポスターをつくったことがあります。春前だったので、入学式のポスターをつくり、「思い出を鮮明《せんめい》に残そう」と呼びかけたんです。他社と組んでカメラの関連グッズをそろえた特設コーナーをつくり、集客の呼び水にしたこともあります。どんな商品をどう売り出すか、情報交換《こうかん》のために関係者で集まる勉強会を企画《きかく》することもしています。

そうした積み重ねで、お店から「この営業といっしょに仕事をするとよく売れる」と感じてもらえると、商品をお店の棚《たな》に置いてもらいやすくなるんです。創造的、かつ人間くさい仕事ですよね、営業って。バイヤーさんから「これからもあなたと仕事がしたい」と言ってもらえた時はうれしかったなあ。

現場の声を開発部門に届ける役割も

お店の現場の声を聞き、当社の開発部門に届けることもしています。お店の要望や、売場のお客さまの反応を知らせ、今後の商品企《き》画《かく》に活かしてもらうために。そうそう、先日の勉強会でも、eyesの後継機《こうけいき》のヒントになるご意見をいただけたんですよ。

僕《ぼく》としては今後もそうやって、仕事でかかわるみなさんと知恵《ちえ》を出し合うことで「よりよい売場」と「よりよい商品」の双方《そうほう》の実現に貢献《こうけん》してきたいと思っています。いい売場があり、そこに当社のいい商品が並《なら》んでこそ、お客さまの目にもとまり、eyesというブランドが大きく育っていくと信じているので。

6

仕事で意識すること、めざすこと

◉仕事で意識すること

売《う》り込《こ》む自社商品の特徴《とくちょう》。

商品を売《う》り込《こ》むお店側のニーズ。

商品を購入《こうにゅう》するお客さまの傾向《けいこう》。

◉めざしていること、大事にしていること

「営業先を支援《しえん》でき、契約獲得《けいやくかくとく》にもつながる提案」をすること。

営業する相手の望みを理解し、当社の商品や宣伝でどんな協力ができるか探ること。

CLOSE-UP

百貨店のバイヤー

どんな仕事をしている？

◎売場方針の策定
売場を通してお客さまにどんな生活の提案をするか考える。

◎商品の買い付け
方針に沿って、売場に並《なら》べる商品を国内外で買い付ける。

◎売場づくり
商品の展示や説明の仕方を、売場マネージャーと考える。

売場の方針を定め、商品を買い付ける

百貨店のバイヤーの仕事は、お店の売場に並《なら》べるさまざまな商品を、世界中から買い付けることです。誰《だれ》から買うのかといえば、商品をつくっている国内・海外のメーカーや、海外の商品を輸入している業者ですね。

ただし買い付ける前に、バイヤーとしてやるべきことがあります。「売場の品ぞろえを通して、お客さまにどんな生活の提案をするのか」。そんな売場の方針を固めることです。

私が買い付けを担当しているのは、家庭用ロボットと子ども雑貨。これらの商品がただ雑多に並《なら》んでいたら、にぎやかだけど、お客さまは「どの商品で自分の暮《く》らしがどう変わりそうか」をイメージできません。そこで、たとえばですが、売場を通して「ロボットといっしょに楽しく学習する生活」を提案しよ

うとまず見定めます。その上でプログラミングや英会話を学べる教育型ロボットを買い付け、売場に並《なら》べるのです。そうすれば、お客さまも「家にロボットがいたら勉強がはかどりそう」と想像しやすくなり、「欲しい」という意欲が高まるかもしれませんよね。

売場の品ぞろえを通して、季節に合わせた提案をすることもあります。子ども雑貨売場なら、春先は「新年度から勉強をがんばる人を応援《おうえん》します！」という方針から学習机やカバンを多くし、秋には「過ごしやすいこの時期に体を動かしませんか」と提案するために運動用品を充実《じゅうじつ》させる、といったように。

バイヤーは売場に並《なら》べる商品を選べる立場にいますが、自分の好みでセレクトするわけではなく、お客さまに提案したいことを踏《ふ》まえて、商品を選んで買い付けるんですよ。

お客さまの欲しいものを多角的に分析《ぶんせき》

売場の方針を固めたら、メーカーや輸入業者の展示会に足を運ぶなどして、買い付ける商品を選んでいきます。実際に選ぶ時は、つぎのような点を判断材料にして考えます。

まずひとつ、世間の注目度。ＣＭを大量に放映する予定の家庭用ロボットなどがあれば、欲しい人も増えそうだと見込《みこ》めますよね。

二つめは、私たちが売場で蓄積《ちくせき》したデータ。これまでにどの層のお客さまに、どんな商品がいくつ売れたのか、実績を参考にします。

三つめに、売場の販売員《はんばいいん》の声。データで売れている商品と売れていない商品がわかっても、その「理由」はまだ曖昧《あいまい》です。あるロボットがいまいち売れないのは「値段が高い」ためか、「操作が難しそう」だからか、あるいは「サイズや形が気に入らない」のか。お客さまの反応を間近で見ていた販売員《はんばいいん》から、そうした数値化できない情報も集めます。そしてデータと照らし合わせて分析《ぶんせき》し、売れ行きを左右するポイントを見きわめるのです。

売場をつくり、販売員《はんばいいん》とも思いを共有

商品を注文したら、それらを売場にどう展示するかを、売場マネージャーと考えます。お客さまを呼び寄せる入り口には、どの商品をもってくるか。その目玉商品のアピールポイントは。似た商品を見比べる楽しさや、未知の商品に出合うおもしろさも味わってもらうには、売場に商品をどう並《なら》べればいいか。

また、商品のことや売場の方針を販売員《はんばいいん》にも伝えます。商品を買い付けたのは自分でも、その商品のことを店頭でお客さまに説明するのは販売員《はんばいいん》です。それぞれの商品にはどういう特徴《とくちょう》があり、お客さまにどんな価値を届けたいのか、商品に対する思いを、販売員《はんばいいん》ともしっかりと共有することが大切なんです。

ロボット売場に関しては、私は、お子さん向けの教育型ロボットを軸《じく》に商品を展開したいと考えています。親御《おやご》さんのニーズが強まっていますし、大人より子どものほうが新しいものを使いこなす力に長《た》けていると感じているからです。まずお子さんがロボットに親しむようになれば、ご家庭にさまざまなロボットが浸透《しんとう》しやすくなると思うんですよ。

彩《いろど》り豊かな暮《く》らしの提案を

教育型ではないですが、「女性の健康とやすらぎを支えるロボット」というeyesのコンセプトにも、一女性としてたいへん共感し

ています。ですので、営業担当の方のお話にあったように、催事《さいじ》会場に「美容・健康」をテーマにした特設コーナーをつくれないか、社内で提案してみようと思います。美容や健康のためのさまざまな商品を、家庭用ロボットから、寝具《しんぐ》やインテリア、服飾《ふくしょく》や雑貨、食品や本まで、百貨店ならではの品ぞろえで見せるコーナーを立ち上げるのです。

実際、これまでも私たち百貨店は、催事《さいじ》会場に多彩《たさい》な商品を取りそろえ、暮《く》らしのトータルな提案をしてきているんですよ。

足を運んでくださったお客さまが、当店でお買い物をすることで、毎日がより楽しくて充実《じゅうじつ》したものになるように。商品を買い付けるというバイヤーの仕事を通して、これからもお客さまの暮《く》らしに彩《いろど》りを添《そ》えていくような提案をしていけたらと思っています。

仕事で意識すること、めざすこと

◉仕事で意識すること

お客さまの動向、時代の変化。
買い付ける商品の品質や価格。
売場の品ぞろえ、展示の方法。

◉めざしていること、大事にしていること

「売場の品ぞろえによる、生活を豊かにする提案」をすること。
方針をもって商品を買い付け、販売員《はんばいいん》とも思いを共有すること。

CLOSE-UP

百貨店の売場マネージャー

どんな仕事をしている?

◉売場づくり
商品展示を工夫。数字の分析《ぶんせき》や売場の観察によって改善も行う。

◉接客
スタッフといっしょに、お客さまへの説明や対応を行う。

◉スタッフの管理・育成
スタッフのやる気を引き出し、接客の質の向上もはかる。

商品の見せ方の工夫で、よりよい売場を

百貨店でロボット売場のマネージャーをしています。販売《はんばい》スタッフを取りまとめる立場にあり、仲間といっしょに「お客さまが何度も来たくなる売場」の実現をめざしています。

そのために日々の仕事でしていることは、ひとつは売場づくりです。目立つところにどの商品を置くか。お客さまが売場を歩き回るルートを踏《ふ》まえると、さまざまなロボットをどんな分類でどう並《なら》べれば、探しやすく、わくわくするか。視線の位置、手に取りやすい位置を考えると、商品棚《しょうひんだな》はどのサイズのものを使うといいか。その棚《たな》にロボットをどう展示するか。スペースをぜいたくに使って1体を目立たせるか、商品を入れた箱《はこ》ごと何個も積み上げ、ボリューム感を出すか。こうした見せ方の工夫で売場の雰囲気《ふんいき》はずいぶんと変

わり、お客さまの反応も違《ちが》ってくるんですよ。

クリスマスシーズンにお子さま向けのロボットを増やしたりと、季節や時期によって売場に変化をつけることもしています。

スタッフが個々のお客さまに寄《よ》り添《そ》うように

お客さまにご満足いただくには、私たちの接客レベルを高めることも大事です。だからスタッフ全員で、各メーカーのロボットのことを学ぶ勉強会もしています。どの機種でも、お客さまにわかりやすく説明できるように。

その点では、2代目eyesという女性向けの家庭用ロボットは、私たちの接客意識をより高めるきっかけになるかもしれません。というのも、これまで売場のロボットには、男性のほうが強く関心をもたれる傾向《けいこう》があり、たとえばご夫婦でご来店されても、質問するのは主に旦那《だんな》さまだったりと、男性に機能や性能の説明をすることが多かったからです。

そのスタンスのままeyesに興味をもった女性のお客さまと接したら、相手の望みとは食《く》い違《ちが》った説明をしてしまいかねません。ある商品について「何を確認したいのか」、そのポイントは、お客さまの年代や性別や経験値によって変わるもので、いつも同じ説明をすればいいわけではないんですよ。

仮に、売場でスタッフがお客さまとのかかわりですれ違《ちが》いを起こしてしまったなら、本人とどうすればよかったかを話し合い、改善点を全員と共有します。

先日もこんなことがありました。お客さまの探すロボットが売場になく、スタッフが裏の倉庫にないか確認しに行ったのですが、どれくらい時間がかかるか伝えなかったので、お客さまを売場に突っ立《た》たせたまま、10分以上お待たせしてしまったのです。お客さまのためにと急いで倉庫に向かったわけですが、「少々お時間がかかるので、こちらで座ってお待ちいただくか、しばらくほかの売場をお楽しみいただけますか？」と伝えていれば、もっと心地よくお買い物ができたはず。そうした反省をつぎに活かしていきたいのです。

数字の分析《ぶんせき》と売場の観察で改善も

売上や来客数などの「数字の分析《ぶんせき》」と、自店や他店の「売場の観察」も欠かせません。

たとえば上半期の売上が、前年度と比べて10パーセント減ったとします。私たちは過去の実績から「今年度はこれだけの売上をめざそう」という目標値を設定しています。このままではその目標に届かず、人件費など出ていくお金がかさみ、経営が悪化します。何より、「前年度に比べて売上が落ちた」というのは「これまでのお客さまが離《はな》れた」、あるいは「新たなお客さまを獲得《かくとく》できていない」ことを意味します。非常にまずい状態です。

では何を改善すればいいか。ヒントは現場にあります。にぎわっている売場の特徴《とくちょう》は何か。われわれの売場では、どんなお客さまが、いつどこでどのスタッフにどんな表情を見せているか。売場をよく観察し、そこで気づいたことをもとに、商品の見せ方を変えたり、接客を見直したりします。売場にいるからこそわかることも、たくさんあるんですよ。

「このお店が好き」と言ってもらえるように

インターネットでの買い物が広まった今、リアルのお店はその存在意義をあらためて問われています。私は、百貨店の売場を、ただ商品を買えるだけでなく、ここで体験したことすべてが楽しい思い出になるような、そんな空間にしたいんですよね。「あのお店ではじめて本物のeyesにふれたんだよなあ。説明を聞いてわくわくしたし、買ったあとのていねいな見送りもうれしかったなあ」とか。

でもその理想は私一人では叶《かな》えられません。仲間の協力が不可欠で、だからこそ、この売場にかける思いを、販売《はんばい》スタッフに真剣《しんけん》に伝えることも大事にしています。みんなと「売場を盛《も》り上《あ》げていこう」という思いで一丸になれた時は、最高ですね。その全員のがんばりが実を結び、お客さまのご来店が増えて、売上という数字でも結果を出せた時は、すごく達成感があります。一人では味わえない喜びが、そこにあるように感じています。

仕事で意識すること、めざすこと

◉仕事で意識すること

お客さまの反応、来客数、売上。
売場の動線、展示手法、接客。
スタッフの育成、季節や天候。

◉めざしていること、大事にしていること

「お客さまがまた買い物に来たくなる売場」を実現すること。
スタッフと力を合わせて、質のよい接客や商品展示をすること。

Scene 7

災害時の輸送対応

大型台風により鉄道に深刻な被害《ひがい》が発生。総合運輸会社のハヤブサ通運は、精密機械メーカーOWLから家庭用ロボットeyesの鉄道輸送を引き受けていたが、中止せざるを得なくなった。緊急事態にどう対応するか、関係者が電話やビデオ会議で連絡《れんらく》を取り合った。

（ハヤブサ通運の物流事務担当と、同社の保守管理担当の電話でのやりとり）

運輸会社の物流事務「たいへんなところをすみません。鉄道の復旧見込《みこ》みについて、現時点の状況《じょうきょう》を教えていただけませんか」

運輸会社の保守管理「線路の冠水《かんすい》、土砂の流入、敷石《しきいし》の流出が複数の個所で起きていて、雨が降り続いている区間もあります。被害《ひがい》の大きいところから全員総出で復旧作業を始めていますが、全体の復旧はまだ見通せていないのが現状です。運転再開まで、1週間前後かかるかもしれません」

運輸会社の物流事務「ありがとうございます。われわれもそれを見越《みこ》して備えます。ほんとうにお疲《つか》れさまです、どうか気をつけて」

＊＊＊＊＊＊＊＊＊＊＊＊＊＊

（メーカーOWLの物流管理担当と、ハヤブサ通運の物流事務担当のビデオ会議）

メーカーの物流管理「先日のeyesの輸送ではありがとうございました。台風で鉄道輸送がストップした時はどうなることかと思いましたが、ご提案いただいたように、国内便の貨物船による代替《だいたい》輸送で、まずは成田《なりた》空港まで運べるメドがつきました。そこから飛行機で海外に送れば、最速で各国に送りたかった

eyseの台数分は間に合いそうです」

運輸会社の物流事務「こちらこそ、代替《だいたい》輸送に応じてくださってありがとうございます」

メーカーの物流管理「ただ、国内輸送分の問題が残っていまして。鉄道復旧の見込《みこ》みはいかがでしょう。お話にあったトラック輸送への切《き》り替《か》えもご相談させてください」

運輸会社の物流事務「鉄道輸送ですが、申し訳ありません、線路の被害《ひがい》が広範囲《こうはんい》におよび、復旧までまだ数日かかります。そこでご提案ですが、経由する物流拠点《きょてん》を替《か》え、別のルートからトラックで運べば、各地方に輸送できそうです。よろしければ台数や期日について、あらためてご希望を教えていただけますか」

メーカーの物流管理「承知しました。いっしょに考えてくださるのが心強いです。早急にデータを送ります」

＊＊＊＊＊＊＊＊＊＊＊＊＊＊＊＊＊＊

（ハヤブサ通運の物流事務担当と、トラック運送担当の電話でのやりとり）

運輸会社の物流事務「先ほどお送りしたデータはご覧になっていただけたでしょうか。どうでしょう……この台数をなんとかお願いできませんか？」

運輸会社のトラック運送「いや、これ、当初の見込《みこ》みよりかなり多いですよね。ほかの荷物も増えているから、明日の朝に発つトラックに全部は積めませんよ。明日の夕方に出るトラックと人員も、ぎりぎり確保できそうなので、２回に分けて物流拠点《きょてん》に運ぶなら……」

運輸会社の物流事務「ああ、でもメドが立ちそうでほんとうにありがたいです！　メーカーの担当者さんとすぐ確認を取ります。少々お待ちください。またご連絡《れんらく》します！」

CLOSE-UP

メーカーの物流管理

どんな仕事をしている?

◉**輸送手段・ルートの検討**
どんな輸送手段で、どのルートから製品を運ぶか考える。

◉**輸送計画と実行**
いつまでに何台運ぶか計画し、船便なども押《お》さえて実行する。

◉**保管や運搬《うんぱん》の研究**
製品を傷めないための包装《ほうそう》や積み方や運び方を研究。

お客さまに着実に製品を届けるために

私たち物流部門は、お客さまに製品を届けるまでのモノの流れ、いわゆる物流を管理しています。めざすのは「よりよい物流」の実現で、よい物流とは何かといえば、特に意識しているのはQCDSです。単語の頭文字を取った造語で、具体的にはつぎのことです。


第一にQuality。「品質」を保って届ける。

第二にCost。「費用」を抑《おさ》えて届ける。

第三にDelivery。「納期」を守って届ける。

第四にSafety。「安全」に事故なく届ける。

こうした条件を満たすようなモノの流れをどうすれば実現できるのか。そのために考えるべきことは、たくさんあるんですよ。

目的地までの最適な輸送手段を考える

まず考えるのは「どの製品を、どこからど

こに、どんな輸送手段で運ぶか」です。「工場」でつくられた製品は、中継《ちゅうけい》地点の「物流拠点《きょてん》」を経由し、「お店や家庭」に届けられます。このうちの「工場↓物流拠点《きょてん》」の区間は、どの輸送手段で製品を運びましょうか？

メジャーな輸送手段は長距離《ちょうきょり》トラックですが、最近は運転手不足や燃料費高騰《こうとう》の問題があります。そこでeyesの輸送では、「工場↓貨物列車のターミナル駅」をトラックで運び、「ターミナル駅↓物流拠点《きょてん》である全国各地の別のターミナル駅」を貨物列車で運びました。鉄道はトラックほど小回りが利きませんが、低燃費で大量に運べて、環境《かんきょう》負荷が少ないというよさもあります。これからの物流を見すえた、われわれのひとつの挑戦《ちょうせん》でした。

物流拠点《きょてん》は「港湾《こうわん》や空港」にもあり、そこから「海外」にも製品を輸出します。ここでは船と飛行機のどちらを使いましょう？

船は一度に大量に安く運べますが、時間がかかります。飛行機はスピーディーに運べますが、大量には積めず費用は高いです。どちらにも一長一短があるわけで、「製品をいつまでに、どのくらい運びたいか」という条件によって、選ぶべき輸送手段は変わるのです。

最適なルート、運ぶ時期や台数の計画も

各拠点《かくきょてん》に届けるまでの「輸送ルート」も検討します。たとえば、あるエリアに製品を届けるには「A国の港を経由」するのが最短ルートだったとします。でもその国の政情が不安定で、輸送がストップする危険があったらどうでしょう。遠回りでお金や時間がよりかかる「B国の港を経由」するほうがよいかもしれません。このように、費用や納期、安

全という重要なポイントを天秤《てんびん》にかけながら、最適なルートを見出していくのです。

各拠点《かくきょてん》に「いつまでに何台届けるか」も、世界中の注文数の見込《みこ》みをもとに計画します。その上で、運輸会社と連絡《れんらく》を取り、貨物列車やトラック、船や飛行機の便を予約します。必要な時期に必要な台数を運んでもらえるよう、積み荷スペースを確保するのです。

予想外の事態にも手立てを尽《つ》くす

そうして周到《しゅうとう》に準備したつもりでも、計画を見直さないといけない時もあります。注文が見込《みこ》み以上にあり、工場で増産することになり、その分を追加輸送する時や、悪天候や災害で輸送がストップした時です。

そんな時は、確保できる輸送手段には何があり、どれを使って、どのルートから運べば納期に間に合うかあらためて考えます。気分はもう複雑なパズルを解く感じ。うまく調整できるとは限りませんが、手立てを尽《つ》くします。eyesの輸送でも、台風で鉄道が一時運休する危機がありましたが、各方面に協力を仰《あお》ぎ、国内の貨物船やトラック、海外向けの航空便を柔軟《じゅうなん》に組み合わせることで、致命的《ちめいてき》な遅《おく》れを出さずに乗り切ることができました。

お客さまのためにも戦略的な物流を

このほか、製品を傷めずに効率的に運んだり保管したりするには「どんな包装《ほうそう》にして、どんな荷台にどう積めばいいか」も考えます。

たとえば、eyesのような家庭用の精密機械の「包装《ほうそう》」は、衝撃《しょうげき》を和らげるクッション材を入れて段ボールに箱詰《はこづ》めするのが一般的《いっぱんてき》です。また、鉄道や船で運ぶ時や、倉庫に一時保管する時は、箱型《はこがた》のコンテナや板状のパレットといった、荷物をまとめて載《の》せる「荷台」を使うものです。この包装《ほうそう》の仕方や荷台の使い方がまずいと、一部の製品がお客さまにお渡《わた》しする前に傷んでしまい、ロスが発生します。製品の品質を保つには、運び方や保管方法を研究することも欠かせないのです。

物流部門は、仲間がつくったeyesのような製品を、お客さまにお届けする最後のプロセスにかかわる部署。最適な輸送手段やルートでロスなく運べば、欲しいタイミングを逃《のが》さず、輸送費用を抑《おさ》えた分だけ製品価格を安くして、お客さまにお届けできます。ただ右から左へとモノを運ぶのではない。ライバルに競り勝ち、お客さまに喜んでもらうための重要な戦略の一端《いったん》を担っているんだ。その自負をもって、日々の仕事にのぞんでいます。

仕事で意識すること、めざすこと

◉仕事で意識すること

商品を輸送する際の
品質保持、費用、納期、安全性。
適切な輸送手段、輸送ルート。

◉めざしていること、大事にしていること

「安全に着実に世界中に商品を届けるモノの流れ」を確立すること。
輸送の手段やルートをよく検討し、できる手立てを尽《つ》くすこと。

CLOSE-UP

運輸会社の物流事務

どんな仕事をしている?

◉**運送便の確保**

貨物を運ぶトラックや鉄道、船や飛行機の便を確保する。

◉**通関手続き**

海外輸送時に、税関に書類を提出する手続きをサポート。

◉**輸送の調整**

至急の依頼《いらい》や災害時に、輸送の段取りを組み直して調整。

貨物を輸送するための手続きをサポート

私たちの会社は、鉄道の旅客・貨物輸送から出発し、そこから事業を広げて、今ではトラックの貨物輸送、海上貨物輸送、航空貨物輸送も手がけるようになった運輸会社です。私はその会社で貨物輸送の物流事務をしています。「この貨物を○○に届けてほしい」という依頼《いらい》を受けて、その目的地に届けるまでの輸送手続きをサポートする仕事です。

「貨物」というのは、列車や船などで運ぶ大きな荷物のことで、大型機械から箱詰《はこづ》めされた食料品まで、さまざまな貨物があります。世の中にはそうした貨物を全国や海外に運びたい企業《きぎょう》が、たくさん存在するんですよ。

依頼《いらい》を受けて行うことは二つあります。ひとつは、依頼主《いらいぬし》の貨物を運ぶために、列車やトラック、船、飛行機の積荷スペースを確保すること。もうひとつは、海外輸送の際に「通関」の手続きをサポートすることです。両業務をもう少しくわしくお話ししますね。

列車とトラックを組み合わせて全国へ

国内の貨物輸送では、私たちは鉄道輸送とトラック輸送を組み合わせたサービスを行っています。私の任務は、依頼主《いらいぬし》の「いつまでに届けたい」という要望に添《そ》えるよう、社内のコンピュータに情報を入力し、貨物列車の積荷スペースを確保することです。また、ターミナル駅まで依頼主《いらいぬし》の貨物を運んできてもらうために、トラック輸送の手配もします。

ときには依頼主《いらいぬし》の希望する貨物列車の便が満杯《まんぱい》のこともあります。それでいて貨物が急ぎの場合は、別の依頼主《いらいぬし》と連絡《れんらく》を取り、便の変更《へんこう》をご相談し、輸送の順番を調整します。

通関手続きをし、船や飛行機で海外にも

海外への貨物輸送は、国内とはまた違《ちが》ったサポートをします。私たちは自前の船や飛行機はもっておらず、船会社や航空会社に交渉《こうしょう》した上で、貨物を積む船便や航空便のスペースを確保しているからです。専門的な話かもしれませんが、船会社や航空会社の便を利用して依頼主《いらいぬし》の貨物を運ぶビジネスを「貨物運送利用事業」といって、われわれ以外にもさまざまな会社が手がけているんですよ。

海外輸送では、インボイスという書類を依《い》頼主《らいぬし》から受け取ることもします。貨物の中身や、数量、届け先、契約《けいやく》条件などを記入した書類です。その書類を、不正品の行き来を取《と》り締《し》まる「税関」に提出して、貨物の情報を申告し、海外に運んでよいという許可を得ま

す。これが「通関」という手続きです。

書類の内容に不備があると、差《さ》し戻《もど》され、再提出をしなければならず、最悪、予定の便に貨物を積《つ》み込《こ》めなくなります。そんなことがないよう、インボイスの書類を税関に提出する前に、私たちがチェックし、不明な点があれば依頼主《いらいぬし》に問い合わせ、通関手続きが滞《とどこお》りなく進むようにサポートするのです。

輸送時間から天候や祝日まで頭に入れて

こうした仕事で大事にしているのは、自分の思《おも》い込《こ》みで判断をせず、一つひとつの確認を怠《おこた》らずに手続きを進めることです。

依頼主《いらいぬし》の「物流拠点《きょてん》」から、「駅や港湾《こうわん》、空港」を経て「目的地」に運ぶまでに、どの輸送手段だと何日かかるのか。通関手続きは、このタイプの貨物なら書類に何を記載《きさい》すべきで、許可を得るまでにどのくらい時間がかかるのか。海を渡《わた》って送り届けた現地では、どのような受け入れ手続きがあり、どれほどの時間を要するのか。

イレギュラーなことも想定しておかないといけません。災害や紛争《ふんそう》で今回の輸送ルートの交通状況《じょうきょう》が乱れていないか。送り先の国の大きな祝日——日本のお正月休みやゴールデンウィークのような期間と重なっていて、ふだんより輸送に時間がかかることはないか。

「届いてあたりまえ」の日々を支える

新人の頃に、こうした確認が甘《あま》く、約束《やくそく》した期日に貨物を目的地にお届けできなかったことがありました。「これぐらいで届くはず」という勝手な思《おも》い込《こ》みが原因です。以来、輸送時間やその手続きにかかる時間、輸送に関する各国の法律、輸送ルートの天候や事件、祝日など、貨物輸送にからむことは正確な情報を集めようと心がけるようになりました。

それでもなお焦《あせ》ることがあります。先日もeyesという家庭用ロボットを鉄道で運ぶ計画が、台風のせいで大幅《おおはば》に狂《くる》ったんですよ。一部を貨物船の輸送に切《き》り替《か》える準備はしていましたが、鉄道の被害《ひがい》が大きく、運休が予想以上に長引き、トラック輸送の追加手配に追われました。迅速《じんそく》に対応してくれたドライバーのみなさんには、感謝しかありません。

大切な貨物を予定通りに届けられないと、依頼主《いらいぬし》は困り、人びとの暮《く》らしにも影響《えいきょう》が出ます。「届いてあたりまえ」が求められるシビアな仕事ではありますが、困難な時も仲間と協力して依頼主《いらいぬし》の要望に応えられた時に、やり遂《と》げたことを少し誇《ほこ》らしく思います。

7

仕事で意識すること、めざすこと

◉仕事で意識すること

依頼主《いらいぬし》や関係者への的確な連絡《れんらく》。
手続きに必要な情報・時間の把握《はあく》。
輸送に影響《えいきょう》する世界各国の動向。

◉めざしていること、大事にしていること

「依頼《いらい》された期日までに届ける着実な貨物輸送」を実現すること。
思《おも》い込《こ》みで判断をせず、手続きの確認や連絡《れんらく》をきちんと行うこと。

CLOSE-UP

運輸会社のトラック運送

どんな仕事をしている？

◉荷物の積み降ろし

トラックに荷物を積《つ》み込《こ》み、届け先で降ろして引《ひ》き渡《わた》す。

◉トラックの運転

時間の使い方や道順を考えながらトラックを運転する。

◉配達・集荷

宅配便業務では、エリア内で荷物を配ったり集めたりする。

トラックが行き来し、荷物も集まる拠点《きょてん》で

自分は「配送センター」というところで働いています。この場所は、ひと言でいえばトラック輸送の拠点《きょてん》です。

車庫からは毎日、大型トラックが外にくり出します。向かうのは、依頼主《いらいぬし》の大量の荷物がある倉庫です。依頼主《いらいぬし》というのは、われわれに荷物の運送を頼《たの》んだ企業《きぎょう》のことですね。

その荷物を積《つ》み込《こ》んだら、目的地まで運び、引《ひ》き渡《わた》します。任務を終えたら、トラックはまたこのセンターに戻《もど》ってきます。つまりここがトラックにとっての帰る家なわけです。

全国や世界からこの地域に向けて発送された荷物を、いったん預かる拠点《きょてん》でもあります。この配送センターに運《はこ》び込《こ》まれた大量の荷物を、われわれが地区ごとにさらに分類し、小型トラックでご家庭や企業《きぎょう》に配送するんです。

いわゆる宅配便サービスですね。

そんな配送センターの「運行管理責任者」というのが、今の自分の立場です。一ドライバーとして働きながら、仲間の乗務シフトの作成、指導役なども担当しています。

数日かけて荷物を輸送する長距離便《ちょうきょりびん》

ドライバーの働き方は、「遠方に荷物を届ける」「近場に届ける」「毎日同じ届け先を回る」「日々違《ちが》う届け先を回る」など、担当業務によって変わります。全部話すと長くなるので、代表的な二つの働き方を説明します。

まずは長距離便《ちょうきょりびん》のドライバー。東北から関東など、長距離《ちょうきょり》の荷物の運送を、数日かけて引き受けます。具体的にはこんな感じです。

1日目の午前中、「海外に輸出する荷物を国際空港に運んでほしい」という依頼主《いらいぬし》の倉庫に、トラックで向かいます。荷物を積《つ》み込《こ》み、午後に出発、夜中に目的地である空港の物流センターに到着《とうちゃく》。睡眠《すいみん》を取ります。

2日目の朝に荷物を引《ひ》き渡《わた》し、一度休憩《きゅうけい》。つぎに空港付近の倉庫街で、今度は「海外の輸入品を空港からうちの拠点《きょてん》に運びたい」という別の依頼主《いらいぬし》の荷物を積みます。午後に出発、夜中に拠点《きょてん》に到着《とうちゃく》し、睡眠《すいみん》を取ります。

3日目の朝に荷物を降ろし、任務終了《しゅうりょう》です。

ときには「混載《こんさい》」といって、複数の依頼主《いらいぬし》の荷物を積んで、同じ目的地に届けることもあります。予定を合わせられる余裕《よゆう》があることが一般的《いっぱんてき》ですが、緊急時《きんきゅうじ》にスペースをやりくりして混載《こんさい》することもあります。この間もeyesというロボットを手分けして運びました。そのメーカーの人がすごく喜んでくれて、あとでお礼の電話をもらいました。

配達と集荷を並行《へいこう》して行う宅配便

長距離便《ちょうきょりびん》とは働き方が違《ちが》うのが、宅配便のドライバーです。配送センター周辺のご家庭や企業《きぎょう》に荷物を「配達」します。同時に、送りたい荷物をお持ちの方がいれば、出向いて荷物を集めることもします。「集荷」という作業です。一日の流れはこんな感じです。

早朝、このエリアに配達すべき荷物が大型トラックに積まれて配送センターに運ばれてきます。それを内勤スタッフが地区ごとに分類します。朝方、ドライバーは担当地区の荷物を小型トラックに積《つ》み込《こ》み、出発します。

そこからは夕方まで、荷物の配達と集荷のくり返しです。なかでも午後は、「送りたい荷物を取りにきてほしい」という企業《きぎょう》の依頼《いらい》も増えるので、せわしくなります。夕方過ぎに配送センターに戻《もど》り、集荷した荷物のうち、全国や海外に発送するものは、待機していた大型トラックに載《の》せ替《か》えます。これで任務終了《しゅうりょう》です。

大型トラックに載《の》せ替《か》えた荷物は、別のドライバーが中継《ちゅうけい》地点の物流センターまで運び、そこから全国や海外に届けられます。

安全運転を第一に、頭も使って荷物を運ぶ

いずれの働き方にせよ、ハンドルを握《にぎ》ってからの時間の使い方は、基本は自分しだいです。適度に休憩《きゅうけい》をはさんで体調を管理し、どの道を走るか考え、届け先ではテキパキ対応する。自由度が高くて、手際よく荷物を運ぶように自分で工夫してがんばるほど、稼《かせ》ぎも増えるのが、この仕事のよさですね。

仕事をするなかで実感したこともあります。

震災《しんさい》とか台風とか、品不足とか。この前のロボットもそうだけど、荷物が届かないとまずいのに、指定の時間までに運ぶのが難しいことがたまにあって、それでも力を合わせて運ぶと、依頼主《いらいぬし》も届けた相手も、ほんとうに喜んでくれるんですよ。かっこつけた言い方かもしれないけれど、「荷物を運ぶことで、人びとの暮《く》らしや企業《きぎょう》の活動を支えることができているんだ」と思うようになりました。

　われわれのトラックが万一事故を起こせば、依頼主《いらいぬし》や届け先は困ってしまい、ドライバーや通行中の人の命もおびやかすことになります。手際よく荷物を運ぶといっても、無茶な運転はご法度《はっと》。寝不足《ねぶそく》や体調不良での走行にならないように、仲間で助け合い、法定速度を守ることを徹底《てってい》し、安全運転を第一に、これからも荷物を届けていきたいと思います。

仕事で意識すること、めざすこと

◉仕事で意識すること

安全運転、体調管理。
輸送や配達のスケジュール。
走行ルート、届け先での態度。

◉めざしていること、大事にしていること

「安全第一で、荷物を着実に届けるトラック運送」を続けること。
段取りや自己管理を大事にし、無駄《むだ》なく無理なく運送すること。

CLOSE-UP

運輸会社の保守管理

どんな仕事をしている？

◉点検・整備
検測車や人の目で線路を点検、たるみやゆがみがあれば直す。

◉保守工事
傷みの激《はげ》しい線路は、夜間に新品と交換《こうかん》する工事を行う。

◉災害時の復旧
台風や地震《じしん》で線路が損傷した時に、復旧にあたる。

よい線路を保ち、安全・安定輸送を支える

保守管理部門は、線路や車両を「点検して整備する」ことをしています。そのなかで私は、線路の保守管理を担当しています。

線路というのは、敷《し》き詰《つ》めた砕石《さいせき》の上に枕《まくら》木《ぎ》を並《なら》べ、その上に鉄のレールを敷《し》いた構造になっています。

その線路を、数十トンある列車が毎日通ると、車両の重みでレールの一部が枕木《まくらぎ》ごと沈《しず》み、徐々《じょじょ》に線路がたるんできます。線路がカーブするところでは、走る列車の遠心力でレールが横に押《お》され、ゆがみも生じます。車輪とこすれるうちに、レールそのものが摩耗《まもう》し、傷が入ることもあります。そうした劣化《れっか》を見逃《みのが》さず直し、線路を常によい状態に保つことで、安全で安定した鉄道輸送を維持《いじ》することが、われわれの使命です。

線路のチェックを検測車と人間の目で

線路の保守管理のためにまず行うのは、地域一帯の線路の状態を全部把握《はあく》することです。

そのために、一般《いっぱん》の列車の運行にはさんで「軌《き》道《どう》検測車」というのを走らせます。線路のたるみやゆがみを測定する専用車両です。

ただし、すべてを機械任せにはしません。気になる測定結果が出た箇所《かしょ》には、係員が出向き、あらためて線路の状態を確認します。

そうして集めた情報をもとに、どんな日程でどこの線路から整備するかを計画するのです。

線路の整備も機械と人間の協働で

計画に基づいて実際に整備する時も、機械と人間の双方《そうほう》の力を活かします。

機械による線路の整備には「マルチプル・タイタンパー」、略してマルタイという作業車を使います。スピードは出ませんが、線路をゆっくり走らせることで、その線路の高さや横幅《よこはば》の調整ができるのです。この作業車を、電車の運行時間が終わった夜間に、早めに直すべき線路があるエリアに投入します。

ただ、マルタイは夜間の数時間しか使えず、線路全域をカバーできないので、より臨機応変に動ける人間の整備も欠かせません。

人間による整備は、日中に数人のチームで行います。線路の上に糸をピンと張って水平かどうか確かめたり、測定器で線路の横幅《よこはば》を調べたり。見過ごせないたるみやゆがみがあれば、専用の器具でレールの下の砕石《さいせき》から敷《し》き詰《つ》め直《なお》し、線路の高さや幅《はば》を調整します。

その間、一人は列車監視員《かんしいん》として、列車が来ないか左右に目を配ります。前の列車が通過してからつぎの列車がくるまでの合間をぬって作業するので、注意しておかないと、見通しの悪いところではほんとうに危険なんですよ。気づかぬうちに列車が迫《せま》れば、自分たちが危ないだけでなく、列車に急ブレーキをかけさせてしまい、乗車中の人も危ない目に遭《あ》わせてしまいます。

台風や地震《じしん》で被害《ひがい》を受けた線路の復旧も

災害で線路がダメージを受けた時の復旧も大事な仕事です。台風による豪雨《ごうう》で線路が水浸《びた》しになった、地崩《じくず》れが起きて山あいの線路に土砂が流入した。地震《じしん》による揺《ゆ》れで線路がずれた、あるいは損傷した。津波《つなみ》によって線路が浸水《しんすい》し、一部は押《お》し流された。

こうした時は一刻も早く復旧させなければ、乗客や貨物が足止めをくい、大勢の人が困ります。この前の台風の時も、鉄道の運休で家庭用ロボットの輸送が止まって、たいへんだったんですよ。

あの時は自分たちも必死でした。ポンプを使った排水《はいすい》、汚泥《おでい》や土砂の撤去《てっきょ》、線路の敷《し》き直《なお》しを夜通しの作業で進め、ほかの仲間も車両点検、切れた架線《かせん》の修復など、列車を走らせるための復旧に全力であたって。その際に沿線の方が、応援《おうえん》の声をかけてくれて、胸が熱くなったのを覚えています。

その後、全線が復旧し、家庭用ロボットの鉄道輸送も無事再開できました。そうやって「ロボットも運べる線路」を維持《いじ》できていることが自慢《じまん》でもあるんですけれど。ガタガタと揺《ゆ》れのひどい線路だったら、列車で精密なロボットを運ぼうという気にならないと思うんですよ。

線路を守らないと列車は走れない

傷んだレールや枕木《まくらぎ》を、夜間に新品と交換《こうかん》する工事を行うこともあります。レールを運《はこ》び込《こ》み、古いレールと交換し、ボルトで締結《ていけつ》する、というように。始発電車までの時間との闘《たたか》いになりますが、大事なことは、現場に来てから何をするか考えるのではなく、事前にどんな手順で作業をするか十分に計画することです。「段取り八分」といって、段取りをよく考えておけば仕事の8割は終わったようなもの、という言葉もあるんですよ。

われわれの仕事は何か新しいものをつくるわけではないですが、「よい線路をつくり続けている」という感覚はもっています。だから、日々手は抜けないですね。自分たちがよい線路を守らないと、列車は走れませんから。

仕事で意識すること、めざすこと

◉仕事で意識すること

検測データ、目視や耳での確認。
点検や整備をする時の現場の安全。
スケジュール、作業の段取り。

◉めざしていること、大事にしていること

「乗客や貨物を安全に安定して運ぶ鉄道輸送」を維持すること。
鉄道設備の点検・整備を、段取りよく、手を抜《ぬ》かずに行うこと。

第3章

仲間を支える

取材対応の打ち合わせ

精密機械メーカーOWLの本社と工場をつないだビデオ会議。本社にいる広報および人事の担当と、工場にいる総務担当が、テレビ局からの取材依頼《いらい》にどう対応するか話し合っている。「eyesを生み出した人たちを取材し、番組で紹介《しょうかい》したい」ともちかけられたのだ。

メーカーの広報「まずは経緯《けいい》から簡単に説明します。手元の資料の通り、テレビ局より教育情報番組『会社探訪』の取材依頼《いらい》がありました。eyesの企画《きかく》や開発にかかわった人を取材し、ロボットのアイデアが商品になるまでの流れを番組で紹介《しょうかい》したい、と。世間に当社のことを知ってもらうチャンスであり、社員の採用活動の一貫《いっかん》にもなると考え、はじめに人事部にこの話を相談しました」

メーカーの人事「それを受けて私は、企画《きかく》・開発部門だけでなく、生産・営業部門の社員も番組に出てほしいと考えたのです。創造的な仕事をしているのは企画《きかく》・開発部門だけではない。『どのように生産するか』『いかにして売るか』という段階でもみんなが創造性を発揮していることを知ってもらおう、と」

メーカーの広報「過去の放映をチェックしたのですが、『会社探訪』という番組は、社員が何人か登場して、『チームでひとつのことを成す』のを見せる内容なんですね。そこで私のほうから、番組制作会社に『生産・営業部門も含《ふく》めた総合チームの取材はどうか』と逆提案したところ、好感触《こうかんしょく》だったんですよ」

メーカーの工場総務「生産部門の仕事を取り上げてもらえるのは、ありがたいとは思います。ただ、時期的にほんとうに厳しいんですよ。ご存じのように、工場はゴールデンウイークに長期休止をはさむので、今はフル稼《か》働中《どうちゅう》。製造部の主任クラスに対応してほしい、とのことですが、現場に余計な負担をかけたくないのが本音です。しかも工場で撮影《さつえい》するとなると、機密保護の観点からどこまで撮影《さつえい》が可能かも、現場の人たちに時間を取って検討してもらわないといけなくなりますし」

メーカーの人事「タイミング的に工場にはほんとうに負担をかけてしまうとは思います。ですが、たとえばレンズ成形にたずさわる人が番組に登場すれば、ロボットから想像されやすい『情報工学』だけでなく『光学』『材料工学』の分野にも話を広げられ、理系や技術系の学生に幅広《はばひろ》くアピールできます。生産現場の知恵《ちえ》をぜひ紹介《しょうかい》したいんですよ」

メーカーの工場総務「もうひとつ、心配していることを正直に言います。テレビ局の最初の想定は企画《きかく》・開発部門の取材で、番組内容にこちらは口出しできないんですよね。われわれが協力したとして、1時間の番組で、どれだけ工場のことを取り上げてもらえるんでしょうか。もしイメージカットのように工場のシーンが使われるだけなら、この忙《いそが》しい時期に協力するメリットがあるとは思えません」

メーカーの広報「その心配はもっともだと思います。だから、まず私たちのほうで、企《き》画《かく》・開発・生産・営業の各部門の結びつきや重要性がわかるストーリーを、人選も含《ふく》めて練ることができないでしょうか。そしてその案をもって、番組制作会社との打ち合わせにのぞみたいんです。みなさんにもご負担をおかけしますが、どうか力を貸してください」

CLOSE-UP

メーカーの広報

どんな仕事をしている？

◉情報収集
各部署から事業や商品、社員にかかわる情報を集める。

◉情報発信
ニュースリリースや記者会見、社内報などで情報発信。

◉取材対応
マスコミからの取材依頼《いらい》に、各部署と連携《れんけい》して対応する。

知らせたいことや説明すべきことを発信

広報の仕事は、マスコミやホームページを通して、会社のさまざまな取り組みを発信することです。「新商品が出ました！」「地球環《かん》境《きょう》を守るためにこんな活動を始めました」という、みなさんに広めたいことを発信することもあれば、「商品に不具合が見つかりました。無償《むしょう》で修理しますので以下の窓口にご連絡ください」といった説明責任があることを発信することもあります。

それらの発信でめざすことは二つあります。ひとつは、会社が世間からの「信頼《しんらい》」や「支持」を得られるようにすることです。信《しん》頼《らい》や支持が厚くなれば、商品はよく売れ、わが社にお金を出したい投資家や、入社したい人も増えて、会社の発展につながるからです。

もうひとつは、社内のみんなが「誇《ほこ》り」を

もって働けるようにすることです。この点は追い追い説明しますね。

ニュースリリースから取材対応まで

広報のための発信手段は何通りかあります。まずあげられるのが、ニュースリリースによる発信です。eyesのような新商品の発売や、新事業の立ち上げの時に、知らせたいことを用紙1枚ほどの簡潔な文書にまとめ、それをマスコミ各社に配信し、当社のホームページにも掲載《けいさい》します。そうすると、その文書をもとに新聞社が記事にしてくれたり、テレビ局がニュースで取り上げてくれたり、インターネットでSNSをしている人たちが口コミで情報を広げてくれたりするのです。

記者会見を開くこともあります。社長交代《こうたい》のように注目されている時や、商品に危険な

不具合が見つかるなど緊急《きんきゅう》事態の時です。段取りを考え、報道関係者に知らせ、会見をする本人と打ち合わせて当日にのぞみます。

このほか、新商品を発売する時に、記者を招いて、CMに出演する芸能人などといっしょに商品発表会を開くこともあります。

マスコミからの取材依頼《いらい》に応じることも、ひとつの発信になります。たとえばビジネス誌から「商品開発の秘話に迫《せま》る特集を組むので研究開発者を取材したい」という話があったり、テレビ局から「商品が形になるまでの流れについて各部門を取材して番組にしたい」という話があったり。相手のリクエストを踏《ふ》まえつつ、誰《だれ》に登場してもらえば当社の今を伝えられるかを考え、人選を進めます。その上で各部署に相談し、スケジュールを調整し、取材にも立ち会います。

「宣伝」と「広報」の違《ちが》いとは？

「広報」の仕事について、「宣伝」と似ているな、と感じた方がいるかもしれません。実際、宣伝部門とは協力しあう関係なのですが、両部門にはいくつか違《ちが》いもあるんですよ。

「宣伝」では、会社がお金をかけてＣＭや広告を制作し、情報を発信します。だからこそ私たちのいちばん伝えたいことをそのまま文字や映像にして人びとに届けられます。

「広報」では、私たちが発信した情報をもとに、記者やテレビ局の方が記事や番組をつくります。このため、私たちが伝えたいことをそのまま記事や番組にしてくれるとは限りません。記事や番組をつくる側にも考えがあるので、最悪、私たちが望んでいなかった形で情報を発信されることもあります。

だから広報は、マスコミは何に興味があるのかを探り、「ネタにしたくなる情報発信」をする必要があります。また、事実を誠実に伝えることや、記事や番組の方向性に疑問があれば粘《ねば》り強《づよ》く交渉《こうしょう》することも重要です。

社内の魅力《みりょく》をどんどん知って発信したい

会社の情報を発信する以上、広報たるもの、各部署の取り組みを幅広《はばひろ》く理解しておくことも大切です。と言いつつ、広報になりたてのころの私は、知らないことが多く、上司に助けられ、記者さんからも業界のことを教わる日々でしたが。そこから社内の資料を読《よ》み込《こ》み、取材対応時に私もメモを取って学び、各部署に足を運んで雑談まじりに情報も集めて、会社への理解を深めていきました。

そうやって情報収集をすると、見聞きした

各部署の情熱に私自身が心動かされることもあり、仲間をどんどん応援《おうえん》したくなるんですね。それだけに広報としては、記事や番組に当社が取り上げられる機会を増やして、社員のがんばりを世間の人にも知らせていきたいんですよ。そうして認めてもらえれば、みんながますます誇《ほこ》りをもって働けると思うので。

『会社探訪』という番組には、eyesの商品企画《きかく》・機械設計・ソフトウエア開発・生産技術・製造・物流・営業の担当が出演し、好評を得ることができました。eyesや会社にとってよいアピールになりましたし、立ち会った撮影《さつえい》現場で、仲間のみんながいきいきとした表情を見せていたのがうれしかったです。

今後も社内の情報を広く集め、多くの人にこの会社を好きになってもらえるような、そんな情報発信をしていきたいと思っています。

仕事で意識すること、めざすこと

◉仕事で意識すること

当社の強み（事業、商品、人）。
会社の説明責任（不具合の周知など）。
マスコミや世間の興味関心。

◉めざしていること、大事にしていること

「会社の信頼《しんらい》と社員の誇《ほこ》りにつながる情報発信」をすること。
社内の取り組みを把握《はあく》し、話題性も考えつつ、誠実に発信すること。

CLOSE-UP

メーカーの人事

どんな仕事をしている？

◉人材の採用・育成

会社に必要な人材を採用し、研修や戦略的な配置をして育てる。

◉人事制度の企画《きかく》

社員の賃金や勤務時間、健康にかかわる制度を企画《きかく》する。

◉働き方の管理

適切な働き方か社内に目を配り、問題があれば改善をうながす。

社員が元気に働き、会社が成長するように

人事部の使命は二つある、と僕《ぼく》は思っています。ひとつは「従業員が元気に働ける環《かん》境《きょう》」にすることです。フルタイムで働く社員から、パートタイマーの方までがいきいきと働けるように。もうひとつは、みんなの力を結集させて「会社が成長できる環境《かんきょう》」にすることです。これらの実現をめざし、人事としてどんな仕事をしているかをお話しします。

必要な人材を考え、募《ぼ》集《しゅう》して採用する

まずあげられるのが採用活動です。この先の会社に必要な人材を各部署と分析《ぶんせき》し、そうした人材を採るには世間に何を発信し、どんな選考をすればいいか考え、実行します。

たとえば営業職を募集《ぼしゅう》するとします。営業の仕事って、取引先にゴマをすって契約《けいやく》を取

るイメージがないですか？　でも実際に活躍《かつやく》している営業職は違《ちが》うんですよ。家電量販店《りょうはんてん》への営業なら、当社の商品を売《う》り込《こ》みつつ、お店の悩《なや》みをくみ取り、売場演出の提案をするなど「この人といっしょに仕事をしたい」という信頼《しんらい》を得て、契約《けいやく》につなげています。

なので、求める理想像は「相手の力になろうとする情熱と、提案をできる創造力をもった人」となるでしょうか。そこを就職活動中の学生さんにも感じてもらうために、志望者向け会社説明会には、社員にも登壇《とうだん》してもらいます。昨年は初代eyesの契約《けいやく》を伸《の》ばした営業担当に話をしてもらったんですよ。

こちらの意図が伝わり、求めていたような人が入社して活躍《かつやく》してくれれば、その人は元気に働くことができるし、会社も成長できるというわけです。

働き方にかかわる制度を整える

働き方の制度の立案や改善も行います。たとえば評価制度や賃金制度。社員の日々の作業や成果をどう評価し、そのがんばりに会社側は給与《きゅうよ》や昇進《しょうしん》・昇格《しょうかく》でどう応えるのか。

勤務時間。社員が働きすぎで倒《たお》れることがないように、かといってだらけて会社の生産や売上が落《お》ち込《こ》んだりしないようにするには、勤務時間の規則をどう定めればいいか。

健康に働ける職場にするための制度。仕事にまつわる病気や事故、ハラスメントを防ぐには、どんなルールや仕組みがあればいいか。

社員が幸せに働けるようにすることと、会社経営のために社員の力を引き出すこと。どちらか一方に偏《かたよ》るのではなく、両立できるようなバランスのよい制度をめざします。

煙《けむ》たがられても元気に働ける職場をめざす

制度に基づき、みんなが適切に働いているかどうか、目を配ることもします。

働きすぎや安全軽視があれば注意し、ハラスメントなどの問題があればその処分を考えます。各社員の勤務実態について情報を集め、評価制度に沿って給与《きゅうよ》を算出することもします。こうした役回りなので、僕《ぼく》ら人事部は「管理部門」とも呼ばれているんですね。

ときには社員から煙《けむ》たがられることもあります。僕《ぼく》も以前、勤務ルールについて話し合った社員から「現場目線でなく管理する側の発想」と言われ、落《お》ち込《こ》んだことがあります。

でも、そこで人事部が開き直り、強圧的にみんなの働き方を管理したら、職場は活気を失います。「従業員が元気に働ける環境《かんきょう》」をめざして、人事部の考えをていねいに説明し、粘《ねば》り強《づよ》く理解を求めることも必要です。

仕事が変化しても社員が活躍《かつやく》できるように

人材育成や人員配置も重要な責務です。社員研修を企画《きかく》したり、各社員の適性を踏《ふ》まえて、よりよい配属先を考えたり。

あるプロジェクトも進めています。「どの仕事で社員がどんな力を高めているか」を調査し、「その力はほかのどういう仕事に生きるか」を分析《ぶんせき》し、まとめているのです。ここがはっきりすれば、部署異動で仕事が変わっても、新しい舞台《ぶたい》で活躍《かつやく》できますから。

たまにこんな話を耳にするんですよ。「工場の現場の単純作業は、人工知能が発達した機械にいずれ奪《うば》われる」と。僕《ぼく》はこれ、違《ちが》うと思います。なぜなら、工場のプロの作業員は「段取りの工夫」「つぎの工程を見すえた作業」など、単純どころか今も柔軟《じゅうなん》に頭を使っているからです。仮にある作業は機械化されても、作業員が現場で鍛《きた》えてきた思考力や想像力は、この先のものづくりに欠かせないはず。その力が埋《う》もれないよう、仕事が変化しても一人ひとりのコアの強みは活かせるような、人材活用の在り方を考えたいのです。

と同時に、今のものづくりの現場の変化や可能性を、若い人にももっと知ってほしくて、だから『会社探訪』という番組の話が来たときは、**eyes**の生産にたずさわったみなさんにも、ぜひ出てほしかったんですよ。

どの部署にも誰《だれ》かの力になろうと懸命《けんめい》な人がいて、そういう人の仕事はいつも創造的だった。採用活動ではそんなことも、学生のみなさんに伝えていけたらと思っています。

8

仕事で意識すること、めざすこと

◉仕事で意識すること

従業員の健康、勤務の実態。
各部署で必要な職能、適材適所。
公平な評価制度や賃金制度。

◉めざしていること、大事にしていること

「従業員が元気に働き、会社自体も成長する職場」を実現すること。
現場の思いも、経営陣《けいえいじん》の考えもくみ取るバランス感覚をもつこと。

CLOSE-UP

メーカーの工場総務

どんな仕事をしている?

◉職場環境《かんきょう》の整備
工場の施設《しせつ》管理、物品管理、ルールづくりなどをする。

◉社内外の関係づくり
社員同士の関係や地域との関係を深める取り組みを行う。

◉会社方針の周知
本社が決めた方針や制度を、職場のみんなに知らせる。

物品購入《こうにゅう》や施設《しせつ》管理で健全な職場に

私は工場の総務部で働いています。総務というのは「なんでも屋」と言われるほど幅広《はばひろ》い仕事なのですが、業務でめざすことを簡潔にまとめるなら、つぎの二つになります。

ひとつめ、みんなが働きやすい環境《かんきょう》にする。

二つめ、会社にとっても健全な環境《かんきょう》にする。

具体例をあげて説明しましょう。

総務部は、作業服や事務机など、みんなが仕事で使う物品を購入《こうにゅう》しています。また、警備会社や清掃《せいそう》会社、給食会社と協力し、工場の施設《しせつ》の管理にも努めています。もし、丈夫《じょうぶ》な作業服の支給がなく、施設《しせつ》も荒《あ》れていたら、ケガや病気の恐《おそ》れもあって社員は安心して働けません。物品購入《こうにゅう》や施設《しせつ》管理は「働きやすい環境《かんきょう》」にする上で欠かせないのです。

とはいえ、そこに湯水のようにお金を使っ

たら経営が悪化します。だから出費を抑《おさ》えることも必要。物品購入《こうにゅう》や施設《しせつ》管理にかかわる業者さんをよく見比べて選び、お金を優先してかける分野を見きわめるなど、「会社の健全経営」を保つことも総務部は意識します。

安全で風通しのよい職場にする取り組みも

安全や健康のためのルールをつくり、守るように呼びかけることもしています。工場の事故を防ぐために通行や服装《ふくそう》のルールを決めたり、自動車通勤の社員に交通安全の徹底《てってい》を求めたり、健康診断《しんだん》を計画し、全員に受診《じゅしん》をお願いしたり。これらは「社員を守る」活動ですが、事件や事故が起きない職場になれば、世間から見た「会社の健全性」も高まります。

社員同士のコミュニケーションをうながす取り組みも行っています。社員交流のイベントの企画《きかく》や、社内のクラブ活動やボランティアのサポート、工場の敷地《しきち》での夏祭りの開《かい》催《さい》。こうした取り組みで社員同士の風通しをよくすることは、みんなが安心して本音を出し合い、困ったことがあれば助け合うような職場にする上で、大事なことだからです。

工場が地域社会に受け入れられるように

工場の夏祭りは、地域の人との親交を深める場でもあります。住民の方のなかには、地元に工場があることを、トラックの出入りや排気《はいき》・排水《はいすい》の面から不安視される方もいます。だから私たちは、安全や衛生面に注意するのはもちろん、工場として地域に貢献《こうけん》し、よりよい関係を築いていきたいのです。

社外の関係者との窓口役も総務が務めます。地域の人やマスコミから安全管理や工場見学

8

について問い合わせがあれば、回答したり、各部署につないだりします。役所や警察署、消防署とも、安全対策や防災対策のためにやりとりをします。そうしてこの工場を地域の人たちが応援《おうえん》してくれるようになれば、社員は働きやすくなりますし、地元の若者が「将来ここで働きたい」と思ってくれるかもしれません。地域との関係づくりは、会社経営にとっても重要なんですよ。

本社と工場の「橋渡《はしわた》し役《やく》」も務める

本社の意向を、工場の社員に知らせることもしています。退職金制度の見直しや、工場に対する取材協力の要請《ようせい》など、社員みんなの生活や仕事にかかわることの報告です。

心がけているのは、伝える内容が工場のみんなにどう受けとめられるかを想像し、言葉を選んで説明することです。もし「仲間はここが気になるのでは」と思う点があれば、本社に問うこともします。「会社の方針でこうなった」とただ伝えるだけでは、疑問や不満が残って職場の空気がよどみかねません。本社側の意図をくみ取り、みんなが納得できるような説明をしたいと思っています。

その点でいうと、『会社探訪』の番組への協力では、工場の繁忙期《はんぼうき》に応じるだけの価値があるのかを、事前に確認したいと思いました。そこを確認したから、ではないと思いますが、広報の方が番組側との調整をがんばってくれたこともあり、工場で**eyes**をどう生産しているかもしっかりと取り上げてもらえました。バシッと決めゼリフを言ったシーンまで放映されたうちの製造課の主任は、それを見た娘《むすめ》さんから「お父さんじゃないみたい」

という褒《ほ》め言葉《ことば》をもらったそうです。

そうであってほしい日常を積み上げる

前にうちの工場長が、雑誌のインタビューでこんなことを言っていたんですよ。「あとで社員が回想した時に『あの時代はみんな無事息災で楽しく仕事ができた』と思えるような工場にしたい」と。

私もその思いに共感します。

総務の仕事では「新商品ができた」「売上目標に届いた」といったわかりやすい達成感はありません。でも、「今日も事故なく終えた」とか、「職場の雰囲気《ふんいき》がよかった」とか、工場のみんなにとって常にそうであってほしいことが1カ月、半年、1年と続いた時に、ふり返ってみると「よかった」と思えます。私はこの仕事が好きです。

8

仕事で意識すること、めざすこと

◉仕事で意識すること

従業員の健康、勤務の実態。
会社の施設《しせつ》や備品の状態、費用。
地域との関係性、地域貢献《こうけん》。

◉めざしていること、大事にしていること

「みんなが働きやすく、会社にとっても健全な職場」を維持すること。
安全や信頼《しんらい》にかかわる社内・社外との対話をていねいに行うこと。

経営戦略会議

精密機械メーカーOWLの役員会議室。カメラからプロジェクター搭載《とうさい》ロボットまで含《ふく》めた「映像事業部門」の今後の方針が話し合われている。テーブルを囲むのは、会社トップの社長と、経理・財務および法務の担当、映像事業部門の開発責任者や商品企画《きかく》の社員たちだ。

メーカーの経理・財務「資料の通り、当社の産業機械や医療《いりょう》機器の売上は伸《の》びており、他方で、映像機器の売上は横ばいです。カメラやプロジェクターが爆発的《ばくはってき》には売れなくなり、開発・生産コストを抑《おさ》えていかないと、このままでは中期的に映像事業が赤字になります」

メーカーの開発責任者「映像事業部を代表して申し上げます。コスト削減《さくげん》には努めます。ですが、プロジェクター搭載《とうさい》ロボットなど新たな芽も育っており、ここで開発の手をゆるめなければ飛躍《ひやく》できると確信しています。2代目**eyes**では新規女性ユーザーを開拓《かいたく》でき、営業から映像編集を学習できるロボットが望まれているとの声も届いています。加えて研究部門では、コンパクトな立体映像のプロジェクターを実用化できるメドがいよいよ立ち、開発陣《かいはつじん》の士気が高まっているんですよ」

メーカーの商品企画《きかく》「私からも補足しますと、見込《みこ》めるのは映像機器の販売《はんばい》拡大だけではありません。**eyes**ではプロジェクターの映像を活かした『Webサービス』も、他社と提《てい》携《けい》して始めました。天井《てんじょう》や壁《かべ》にWebサイトを映すことで可能になる習いごとやコミュニケーションです。映像機器とWebサービスを両面展開すれば、映像事業はこれまで以上の成長産業になるはずです」

メーカーの法務「実務面の補足をします。当社の本業であるものづくりと、今回取り組み出したWebサービスでは、ビジネスモデルが違《ちが》うため、他社と提携《ていけい》してのサービスの共同開発には、利益や責任をどう配分するかで、かなりシビアな契約交渉《けいやくこうしょう》になりました。リスクもまだあり、Webサービスを一気に拡大させるよりは、今のサービスをよく検証し、必要に応じて契約《けいやく》を見直し、段階を追って広げるべきではないか、と思います。とはいえ、われわれ法務部も他業種の事例から学び、支《し》援《えん》できる体制は整ってきています」

メーカーの社長「映像事業の可能性がよくわかりました。それも踏《ふ》まえ、総合的に考えましたが、今伸《の》びている産業機械や医療《いりょう》機器にお金をかけることは、やはり欠かせません。

映像事業の予算は抑《おさ》えざるを得ない、というのが私の判断です。もちろんプロジェクター搭載《とうさい》の家庭用ロボットは大きく育てたい。ですから、映像事業部全体で身を切る改革を進めましょう。カメラやプロジェクターの開発・生産体制を見直し、コストを減らし、その分を家庭用ロボットに回します。ですがここで重要なことは、カメラやプロジェクター事業を『このまま縮小させる』などという誤解を社内に生まないことです。家庭用ロボットを突破口《とっぱこう》に、先ほど話に出たWebサービスも育てていけば、その恩恵《おんけい》は必ずカメラやプロジェクターにもおよびます。つまりは『映像事業全体の発展のために、今できる創意工夫をする』という選択《せんたく》です。そのことを私自身もしっかりと社内に発信していきますから、みなさんもぜひ協力してください」

CLOSE-UP

メーカーの経理・財務

どんな仕事をしている？

◉お金の流れの記録・分析《ぶんせき》

会社のお金の出入りを記録・集計し、経営状況《じょうきょう》を分析《ぶんせき》する。

◉決算報告・税務

１年間のお金の集計をもとに関係者への報告や納税を行う。

◉予算作成・資金調達

今後のお金の使い道を考え、借金など資金調達も進める。

会社のお金の流れが滞《とどこお》らないように

経理・財務部門の使命は、「会社の血液」ともいえるお金を、社内に滞《とどこお》ることなくめぐらせ、会社の健全な成長を支えることです。

お金というのは、会社経営の至るところで必要になるんですね。社員に支払《しはら》う給料、部品や素材の購入《こうにゅう》代金、オフィスや工場の電気代、会社として納める税金。こうしたお金を払《はら》える体制にしておかないと、わが社は倒産《とうさん》し、ものづくりを続けられません。

そんなことにならないよう、私たち経理・財務部門では、会社のお金に関しておおまかに分けて三つの業務を担当しています。

ひとつめ、お金の流れを記録・集計・分析《ぶんせき》し、やりくりに問題があれば改善を図ること。

二つめ、今後のお金の使い方の計画。

三つめ、社外からのお金の調達です。

お金の流れを分析《ぶんせき》して問題改善に活かす

仕事の基本となるのが、お金の出入りの記録・集計・分析《ぶんせき》です。商品の売上など会社に入るお金と、人件費などで出ていくお金。日々のお金の出入りを記録し、定期的に集計し、どれほど儲《もう》けがあったかを分析《ぶんせき》します。

もし儲《もう》けが減っていたり、出ていくお金のほうが多い赤字になっていたら、まずい状況《じょうきょう》です。お金の記録をもとに原因を探り、各方面と問題改善の方策を話し合います。この事業は好調だが、こっちの事業の低迷が響《ひび》いていることを経営陣《けいえいじん》に報告しよう、とか。開発コストが利益を圧迫《あっぱく》しているので、開発部門に人件費や原材料費の削減《さくげん》を求めよう、とか。

たとえば映像事業部門は、家庭用ロボットeyseのヒットで活気づいています。ただ、お金の流れでみると、多様な製品をつくるのに人件費は増加し、反面、今も収益の柱であるカメラやプロジェクターの売上は減少気味で、以前より儲《もう》けは減っているんです。eyesで勢いが出てきたころに、お金の話で水を差されるのは嫌《いや》でしょうが、新たな芽が育った今こそ、人員配置を含《ふく》めて現状を見直し、開発体制を強化するように提案したいのです。

集計結果をもとに情報公開や納税も

1年間の集計結果は、「決算報告書」というものにまとめて外部の関係者にも発表します。お金を出してくれた投資家や銀行、取引のあるメーカーやお店、当社の商品を愛用してくれるお客さまなど。関係者に1年間の実績を報告し、今後も信頼《しんらい》してもらうためです。

さらに1年間の集計から、支払《しはら》うべき税金

を計算し、国や自治体に納めることもします。

このように、私たちがまとめたお金の数字は社外にも公表します。もし間違《まちが》いがあれば、偽《いつわ》りの数字を出したことで信用を失いかねません。だから経理・財務部が出す数字は「正しいのが当然」であるべきです。一担当者が作成した資料は、本人だけなく、ほかのスタッフも必ず見返し、二重三重のチェックをして、正確な数字を出すことに努めています。

お金の使い方を計画し、社外から調達も

ところで、お金の出入りを分析《ぶんせき》していくと、未来のこともそれなりに見通せてくるんですね。「映像事業や医療《いりょう》機器事業には、年間でどれほどお金がかかり、売上はどの程度になりそうか」「もっとお金をかければ収益が拡大しそうな事業はどれか」といったことが。

私たちはその見通しをもとに、経営陣《けいえいじん》や各事業部門と話し合い、「来年度はどの事業にいくらお金をかけ、どれほどの売上をめざすか」も構想します。未来のお金の使い方を計画する、いわゆる「予算」の作成です。

そうして計画を立てると、出費が一時的に増えそうな時期も見えてきます。たとえば、開発中の立体映像のプロジェクターがこの先大ヒットしたとします。そうなれば製品の生産拡大のために、お金をかけて新工場を建てる計画が出てくるでしょう。ですが、工場建設で巨額《きょがく》のお金を使えば、社員や取引先に支《し》払《はら》うお金が一時的に不足するかもしれません。

そこで私たちは、出費を見越《みこ》して、社外からお金を計画的に「調達」することもします。銀行と交渉《こうしょう》して借金をしたり、株式を発行して投資家からお金を募《つの》ったりするのです。

お金という切り口から事業を支えて

いうなれば私たちは、お金という切り口から会社の全事業にかかわるわけですね。

それだけに、ある事業が低迷したら、それはお金の面から支えられなかった経理・財務部門の責任でもある、と思っています。実際、これまでに何度か苦い思いを味わいました。

でも裏を返せば、お金をうまく回して会社の成長に貢献《こうけん》できれば、さまざまな事業部門といっしょに喜べる立場でもあるんですよ。映像事業部門とも、eyesのような新たな芽がしなやかに強く育つよう、お金の面からしっかりとサポートしていきたいですね。

お金の流れをていねいに追うことで、会社の事業一つひとつに深くかかわれる。それが経理・財務の仕事の醍醐味《だいごみ》だと思っています。

仕事で意識すること、めざすこと

◉仕事で意識すること

日々の収入と支出、会社の資産。
借金などの債務《さいむ》、株価、税制度。
予算管理、会社の事業戦略。

◉めざしていること、大事にしていること

「会社の健全な成長につながるお金のやりくり」をすること。
二重三重のチェックで正確なお金の記録・集計・分析《ぶんせき》・計画をすること。

CLOSE-UP

メーカーの法務

どんな仕事をしている?

◉**契約《けいやく》や経営戦略の支援**
取引先との契約交渉《けいやくこうしょう》や、経営戦略を法的な面から支援《しえん》。

◉**コンプライアンス業務**
社員が法律に反さないよう、指針づくりや研修を行う。

◉**紛争処理《ふんそう》**
トラブルが起きた時、交渉《こうしょう》や裁判の手続きを牽引《けんいん》。

法律を駆使《くし》してトラブル予防や戦略支援《しえん》

私たち法務部は、会社を法律の面から支えています。主な役割はつぎの三つです。

第一に「トラブルの予防」。法的な問題が起きづらい仕事の進め方や事業のあり方、社内の体制を考えます。

第二に「紛争《ふんそう》処理」。当社で起きてしまった法的トラブルに対処します。

第三に「戦略の支援《しえん》」。会社の事業戦略や経営戦略を法的な手続きから支えます。

少しわかりづらいと思うので、具体的に説明していきますね。

問題やリスクの少ない契約《けいやく》をめざす

法務の代表的な仕事が、トラブルの予防まで見すえた契約《けいやく》のサポートです。

取引先と商品を売買する時や、他社と事業

提携《ていけい》する時、私たちは契約《けいやく》を交わすのですが、その手続きを支援《しえん》するのです。2代目**eyes**のために他社と共同でWebサイトを開発した時も、契約《けいやく》のサポートをしました。

　こうした時は「法律の知識」だけでなく、「事業への理解」も欠かせなくなります。提《てい》携先《けいさき》とWebの何をどのように開発するのか。開発したものはお客さまにどう使われ、安全や品質の責任は誰《だれ》が負うのか。それらの点を理解した上で、契約《けいやく》内容に「注意義務違反《いはん》やプライバシー侵害《しんがい》など法的問題がないか」「遅延《ちえん》や事故などある条件下でこちらの損害が大きくなるリスクはないか」といった点をチェックする必要があるからです。そうしてよく考えて契約書《けいやくしょ》を作成し、相手との交渉《こうしょう》にのぞみ、最終的に契約《けいやく》を結ぶことで、あとから問題が発生するのを防ぎます。

法律や倫理《りんり》に反さない社内体制に

社員一人ひとりが法律や倫理《りんり》に反することなく活動していけるよう、行動指針や社内規定をつくり、社内に浸透《しんとう》させるのも仕事です。いわゆるコンプライアンス（法令遵守《じゅんしゅ》）の徹《てっ》底《てい》ですね。法的問題を未然に防ぐという意味で、これもまたトラブル予防のひとつです。指針や規定はさまざまな部署といっしょに考えます。たとえば「ものづくりに関するルール」であれば、開発・生産部門と製造物責任法などの法律を踏《ふ》まえて考えます。「情報開示の仕方」であれば、広報部や経理・財務部と会社法などを踏《ふ》まえて考えます。

　そうして定めた指針や規定を、その背後にある法律のことまで理解してみんなが守ってくれるように、社員研修も行います。

対立した相手と法的に争うことも

予防に努めても、法的トラブルが起きてしまうことがあります。取引先やライバル企業《きぎょう》、お客さまや社員と、おたがいの権利や責任をめぐって対立した時、あるいは、社内で誰《だれ》かのルール違反《いはん》が発覚した時などです。こうした時は、関係者へのヒアリングで状況《じょうきょう》を把握《はあく》した上で、相手との交渉《こうしょう》にのぞみます。

相手との溝《みぞ》が埋《う》まらず、裁判で争うことになれば、弁護士を立て、こちらの主張の裏づけとなる証拠《しょうこ》を各部署から集めます。法務部の社員が法廷《ほうてい》で答弁することもあります。

法的な手続きで会社の発展にも貢献《こうけん》

法律の知識を活かし、会社の事業戦略や経営戦略に貢献《こうけん》することも期待されています。

たとえばeyseを世界に広める事業戦略。仮にですが、他社がうちの技術を真似てeyesのコピー商品をつくったり、別物だけどブランド名を同じeyesにして粗悪品《そあくひん》を売ったりしたら、わが社に悪影響《あくえいきょう》が出ますよね。

今の社会には「知的財産権」といって、技術やブランドを勝手に真似されないように「権利化」できる法的な仕組みがあります。そこで法務部は、eyesのコア技術やブランドを自社の財産にすべく、法的な手続きを各国で進め、eyesの世界展開に一役買うのです。

ほかにも、新たな子会社設立のような経営戦略もサポートします。2代目eyesにからんだWebサイト開発でも、新会社設立の話が出ているのですが、そうした時の組織再編を、法律を守った上でどう進めるのがよいかを分析《ぶんせき》して経営陣《けいえいじん》に報告するのです。

適切な牽制《けんせい》もしながら仲間を支援《しえん》する

こうした仕事で大事にしているのは「支援《しえん》」と「牽制《けんせい》」のバランスです。

私たちは、ものづくりや商売に奮闘《ふんとう》する仲間を「支援《しえん》したい」わけですが、肩入《かたい》れしすぎて、法的に気になる面があるのに「牽制《けんせい》する」ことをしないで目をつぶれば、あとで大問題になりかねません。でも、法務部がみんなのやることを何でもかんでも牽制《けんせい》していたら、話が前に進まないのも事実なんです。

ではどうするのか。気になる点があるなら、「どうすればそのリスクを小さくできるか」を仲間といっしょに考えるんです。冷静に、でも情熱は失わずに。その積み重ねで各部署から頼《たよ》られるようになり、仲間と力を合わせて成果を出せた時に、やりがいを感じます。

9

仕事で意識すること、めざすこと

◉仕事で意識すること

日本や海外の法律、その改正。

他社との契約《けいやく》内容、社内規定。

会社の知的財産、事業戦略。

◉めざしていること、大事にしていること

「会社の健全な成長につながる法的サポート」をすること。

仲間の支援《しえん》と、法律を守るための牽制《けんせい》のバランスをよく考えること。

CLOSE-UP

メーカーの社長

どんな仕事をしている?

◉情報収集・分析《ぶんせき》

各部門の声を聞き、資料も読み、情報を集めて分析《ぶんせき》する。

◉ビジョンや方針の策定

会社や各部門で何をめざすかを考え、方向性を定める。

◉情報発信と対話

社内外の関係者に社長として思いを伝え、対話する。

社員やお客さまを背負って舵《かじ》取《と》りをする

社長の仕事は、海に冒険《ぼうけん》に出る船長にたとえられると思います。こんな旅をして宝物を山分けしようと夢《ゆめ》を語り、航海に必要な仲間やお金を集め、機関士や見張りなどの役目を与《あた》え、大海原のどの方向に進むかを決断し、冒険《ぼうけん》に出る。これを経営視点で言《い》い換《か》えるならば、「会社のビジョンを描《えが》き、人や資金を集め、組織体制を整え、事業の方向性を示して進む」ということ。それが私の仕事です。

舵《かじ》取《と》りを間違《まちが》えれば、嵐《あらし》に巻《ま》き込《こ》まれて船は大破し、ともに冒険《ぼうけん》する社員から投資家や取引先、商品を愛用するお客さまにも被害《ひがい》がおよびます。背負うものは大きく、責任の重さを感じます。でも一方で、みんなの力でこれまでにない発見や、新境地の開拓《かいたく》をしていける、わくわくする仕事でもあるのです。

各部署の思いに耳を傾《かたむ》け、決断を下す

社長の仕事のひとつは、ビジョンを描《えが》いて、方向性を定めることです。われわれはどんな会社でありたいのか、どの事業に力を入れて、どういう組織体制でのぞむのか、と。

そうした構想を、全部自分で考えるわけではありません。各部署のリーダーが「こんな戦略でいきたい」「ここが課題」と提案してくるので、それを参考に社長の決断を下します。もちろん私にも挑戦《ちょうせん》してみたいことがあるので、「こんな展開はどうか」と各部署に投げかけ、いっしょに戦略を考えることもあります。つまり戦略の詳細《しょうさい》は各部署が中心になって形づくるわけですね。

みんなで立てた戦略を、社長としてやるかどうか判断するだけなら、あまり労力はいらないと思うかもしれません。が、そう甘《あま》くもないのです。選ぶのはAの方向性か、Bの方向性か。どちらにもさまざまな部署の思いがあり、判断に迷うものが多いんですよ。

先日の映像事業の方針の検討でも、家庭用ロボットeyesを起点に攻勢《こうせい》をかけたい映像事業部門の思いはよくわかりましたし、経理・財務部門から提示されたコスト削減《さくげん》の案も納得できるものがあり、大いに悩《なや》みました。

一社員だったころは、判断に迷えば上司に指示を仰《あお》ぐことができました。ですが今は私が決断をしなければなりません。だからこそ各部署の社員の話に耳を傾《かたむ》け、資料も読《よ》み込《こ》み、熟考します。気づけば寝《ね》ても覚めてもそのことが頭から離《はな》れないほど。一社員時代より自分で「手を動かす時間」は減りましたが、「考える時間」は圧倒的《あっとうてき》に増えました。

9

言葉を研《と》ぎ澄《す》まし、社員に思いを伝える

定めた方向性を、全社員に発信することも大事です。年始のあいさつで、事業所や工場を訪ねた時に、もしくはビデオ会議で、社内ネットワークの映像や文字のメッセージで。

かつて課長ぐらいの立場だったころは、部下一人ひとりと雑談もしながら気持ちを通わせ、チームをまとめることができました。

しかし、社長ともなると、すべての社員とそこまで密な関係を築けません。それだけに、「借りものではない自分の言葉で発する」ことや「対面する時は目と目を合わせて姿勢にも気をつけて話す」ことを、以前にも増して意識するようになりました。限られたコミュニケーションでも、熱をもって思いを伝え、社員の心に火をともしたいからです。

会社の顔として発信や引き寄せ役も

社外に向けて会社のことを発信し、また、社外からこの会社に必要なものを引っぱってくることも、社長の務めだといえます。

たとえば、投資家に対して経営状況《じょうきょう》や今後の戦略を説明し、引き続き支援《しえん》をお願いする。記者発表会やマスコミの取材で事業戦略や新商品について語り、世間の関心を集める。取引先とトップ同士で交渉《こうしょう》し、おたがいにとってより有益な関係を築く。国や自治体の職員と意見交換《こうかん》し、わが社が地域にどんな貢献《こうけん》ができるか、そのために国や自治体にどう協力してもらえるか模索《もさく》する。さまざまな人と顔を合わせるので、2度目に会った時に失礼のないよう、一人ひとりの特徴《とくちょう》を覚えておくことも、社長に求められる力かもしれません。

お客さまを喜ばせる何かを全社員の力で

社長をしていていちばんうれしいのは、自分だけではできないことを、社員のみんなの力で実現できた時ですね。それこそ、家庭用ロボットeyesがまさにいい例ですよ。この製品をつくるために、どれだけの社員が頭をひねり、その製品をお客さまに届けるために、どれだけの社員が奮闘《ふんとう》し、その仲間を支えようと、どれだけの社員が汗《あせ》をかいたことか。

　これからも、お客さまの幸せや喜びにつながる何かを、全社員がいきいきと活躍《かつやく》するなかで創造していきたいと思っています。その理想を社員のみんなが絵空事と思わずに、ともに胸に抱《いだ》いてくれるように、まずは現場の声に耳を傾《かたむ》け、私からも情熱を伝えていくことを、飽《あ》くことなく続けていきたいです。

9

仕事で意識すること、めざすこと

◉仕事で意識すること

会社の現場の声、お客さまの声。
取引先や地域やライバルの動向。
信頼《しんらい》されうる態度、健康管理。

◉めざしていること、大事にしていること

「お客さまのために全社員がいきいきと働く会社」を実現すること。
現場の声を聞き、ビジョンを掲《かか》げ、思《おも》いを込《こ》めて伝えること。

エピローグ

ストーリーの締めくくりに

1 それぞれの会社の後日譚

商品をつくることや届けることを絶やさずに

27人の会社員の一人ひとりの物語はまだまだ続きますが、お届けするストーリーは、これにて終幕です。あなたはどの会社員の仕事がいいなと思いましたか？

それぞれの会社のその後について、簡単にふれておきましょう。

精密機械メーカーOWLは、2代目**eyes**が、新聞社主催《しゅさい》の新商品グランプリで優秀賞《ゆうしゅうしょう》を獲得《かくとく》。Webや雑誌の宣伝も好評で、女性からの支持を集めてロングセラー商品となりました。その後、同社は立体映像技術の実用化にこぎつけ、まずは立体映像を映せる家庭用プロジェクターを販売《はんばい》します。家庭用ロボットではなく、プロジェクターとして先に世に出したのは、立体映像という強みをきわだたせるための戦略でした。これが業界の話題をさらい、その上で、満を持して「壁《かべ》や天井《てんじょう》に映像を映せる」上に「立体映像も映せる」という3代目**eyes**を送り出すと、初代や2代目以上のヒットを記録しました。

社員採用の選考現場でも「**eyes**のようなロボットをつくりたい」「人間とロボットがともに暮《く》らす生活を後押《あとお》ししたい」といった思いをもって志望する学生が増えたそうです。

Web制作会社ホークは、**eyes**を見すえて開発した「クッキング動画を音声操作できるサイト」で、グッドデザイン賞を受賞。新規の仕事の依頼《いらい》が倍以上に増えたそうです。社長を入れて8人の会社なのですが、新たに社員を増やすかどうかを検討中とのこと。会社を大きくして成長させるのもひとつの選択肢《せんたくし》ですが、少数精鋭《せいえい》で質のよいサイトをつくり続けるという選択肢《せんたくし》もあり、社員一同で今後の方向性を話し合っています。

モズ百貨店は、旗艦《きかん》店《てん》の催事《さいじ》会場で「すこやかな暮《く》らし with お気に入りの品々」という特設コーナーを開設。美容・健康にまつわる商品を、化粧品《けしょうひん》や食品から衣料や家具、家電製品まで取りそろえ、多くのお客さまを集めることに成功しました。もちろんその売場には2代目**eyes**の姿も。また、ロボット売場では、精密機械メーカーOWLと共同で「ロボットに着《き》せ替《か》える服を手づくりする」イベントを開催《かいさい》。刺繍《ししゅう》やプリント、染色などさまざまなアレンジを楽しめるようにし、女性や子どもを中心に人気を博しました。

ハヤブサ通運は、貨物列車による機械輸送を拡大中。事業外の話題としては、教育情報番組『会社探訪』の取材依頼《いらい》もあったのだとか。きっかけは、この番組で精密機械メーカーOWLを取り上げた時、同社の物流担当が、ハヤブサ通運と協力して台風にも負けず**eyes**を世界中に届けた話をしたこと。それを聞いた番組制作陣が、「陸海空の輸送の流れを追いかけたい」と思ったそうです。どんな番組になるのか楽しみですね。

2 会社は何のために存在するのか

誰《だれ》かの力になるためか、お金を儲《もう》けるためか

ところで、この本に登場したのは四つの会社ですが、世の中にはもっとたくさんの会社があります。そしてその会社の成り立ちには、極端《きょくたん》に分けると二つのタイプがあります。

ひとつは、誰《だれ》かの力になるために設立された会社です。「こんなものをつくって届けたら、みんなが喜ぶんじゃないかな。会社を立ち上げて組織的にやってみよう」と。

もうひとつは、お金を儲《もう》けるためにつくられた会社です。「自分の力で食べていけるようになりたい。会社をつくって、何か儲《もう》かりそうなことを始めてみよう」と。

一見、この二つは別物に思えます。けれども、それぞれの目的のために試行錯誤《さくご》して行き着くところは、案外、似ていたりします。どういうことか、しばしお付き合いください。

誰《だれ》かの力になり続けたいから、お金を儲《もう》けたい

誰《だれ》かの力になるために、会社を立ち上げたとします。生み出した商品で多くの人に喜んでもらえて、「社会の役に立てた」という手ごたえも得たとしましょう。

でも、人を喜ばせることにばかりに目がいき、お金儲《かねもう》けをおろそかにしたら、給料を十分に払えず社員の生活は苦しくなります。あげくに社員が辞めて事業を続けられなくなったら、社会に役立つものを生み出すことも中止となり、かえって大勢の人を悲しませるかもしれません。だから会社の経営にかかわる人は、こんな思いを抱《いだ》くことが多いものです。「この会社で誰《だれ》かの力になることをしたい。それも『いっときだけ力になって、あとは知らない』という無責任なやり方ではなく、『力になり続ける』ことを。そのためには社員一人ひとりが元気であることが大事で、その社員の生活のためにも、お金を儲《もう》けないと」

お金を儲《もう》けたいから、誰《だれ》かの力になろうとする

お金を儲《もう》けるために、会社をつくったとします。さて、どんなビジネスを始めましょう。「だまし売り」や「押《お》し売《う》り」の手法もなくはないですが、そうした会社は、うまくいく時があっても、遅《おそ》かれ早かれ世間の信用を失い、人が離《はな》れ、短命に終わっています。

それに対して、何十年もお金を儲《もう》け続けている会社は、「今の時代にみんなが欲しいもの」を生み出そうとしているものです。みんなが欲しいものなら、生み出すのにかかった費用より高い値段で売っても、買ってくれる人がいて、儲《もう》けが出るからです。

だから会社で本気でお金を儲《もう》けたい人は、こんな思いを抱《いだ》くことが少なくありません。

「お金をもっと儲《もう》けたい。そのためには人びとが欲しがるもの、人びとに喜ばれるものを生み出すのがいちばんだ。誰《だれ》のために何ができるのか、真剣《しんけん》に考えよう」と。

会社は何のために存在するのか。それは、会社で働く自分たちが生きていくためのお金を儲《もう》けるためであり、同時に、誰《だれ》かの力になるためでもあるのだと思います。

お金儲《もう》けをしない社会貢献《こうけん》と、お金儲《もう》けをしながらの社会貢献《こうけん》

ちなみに、世の中には、お金儲《かねもう》けをしなくていい仕事もあります。

みんなから集めた税金で、社会のためになることに取り組む、公務員の仕事です。

公務員の仕事は、お金に困っている人の支援《しえん》など、儲《もう》けづらい分野でも力になれるよさがあります。ただ、税金を使うので公平さが求められ、一部の人だけのメリットになることはしづらいものです。家庭用ロボットeyesのように、あるターゲット層に絞《しぼ》ってまず力になり、成功したら後継機《こうけいき》の発売などで間口を広げ、柔軟《じゅうなん》にフットワーク軽く世の中を変えていく、という社会貢献《こうけん》は、民間の会社の得意分野と言えるかもしれません。

理念を掲《かか》げて、みんなで力を合わせていく

では民間の会社で、誰《だれ》のために、社会のために、何をしてお金を儲《もう》けましょうか。

多くの会社はその思いを経営理念として言葉にしています。たとえばこんなふうに。

精密機械メーカーOWL「**光の可能性を追い求め、人類の未来に貢献《こうけん》する**」

Web制作会社ホーク「**Webのデザインと技術で、より心地よくあたたかな世界へ**」

モズ百貨店「**暮《く》らしをみつめ、人とふれあい、幸せをともに描《えが》く**」

ハヤブサ運輸「**陸海空の輸送で、地域をつなぎ、世界をつなぎ、人の営みを支える**」

あなたはどんな会社がいいと思いますか？

どういう理念をもった会社と、いっしょに仕事がしたいですか？

あとがき

ここまでお付き合いいただき、ありがとうございました。
最後に、この物語ができあがるまでの経緯《けいい》をお話しさせてください。

さかのぼること数年前、作者である私は『会社のしごと』という6冊のシリーズ本をつくりました。実在する会社で働く人を1冊につき14名、合計84名取材し、インタビュー記事としてまとめたものです。そのなかでこんなことを感じました。

「会社の中では、いろいろな職種の人がそれぞれに大切な役割を果たしていて、みんなで力を合わせることで、世の中に必要なものを生み出し、人びとに届けているのだな」と。「そのことを6冊の本を読むことで、多くの人にも感じてもらえたらうれしい」と。

でも、6冊の本を読むのはなかなか骨が折れますよね？

6冊の本の中身はすべて読んでほしいことだけど、それとは別に、もうちょっと手軽に会社の全体像、さまざまな職種の会社員がおりなす物語を伝えられないか。そう考えて、これまでに取材した人たちから見聞きしたことを詰《つ》め込《こ》み、「家庭用ロボットをつくり、人びとに届ける」というストーリーに落《お》とし込《こ》んだのが、この本になります。
ですので、お届けしたのは架空《かくう》の物語ですが、全部が創作ではなく、特にインタビュー部分は、実在する人たちの言葉をベースにしています。さまざまな会社員を取材する中で、私自身がすごいな、かっこいいなと感じた生の声を、できるだけ盛《も》り込《こ》みました。

こうした会社員の物語を届けたかったのは、多くの人にとって、実はいちばんよくわからない職業ではないか、と感じているからです。「スポーツ選手やお医者さん、お花屋さんのしていることはなんとなくわかるけれど、会社員って何をしているんだろう」と。

世界に何億何千万人といる、その会社員のかっこいい一面を紹介《しょうかい》したいと思いました。もちろん、現実の仕事においては、それぞれの会社員が、かっこいい一面だけでなく、あまり人に見せたくない情けない一面も、きっとのぞかせています。弱気になって言いたいことが言えなかったり、やる気が出なくてたまにさぼったり、責められたくなくて失敗をごまかそうとしたり。

でも、そうした一面があるにせよ、世界中の数えきれないほどの会社員が、目の前の仕事に自分なりの情熱やプライド、使命感をもって取り組んでいるのも事実です。そしてその一人ひとりの思いが結集することで、会社からは、誰《だれ》かの幸せや喜びにつながる商品が生み出され、人びとのもとにしっかりと届けられているのだと思います。

今までに会社で働く人を取材するなかで、つぎのような言葉を何度か耳にしてきました。

「これだけの人間がかかわりながら、力を合わせることでひとつのことを成していく。それ自体が奇跡《きせき》のようだと思うことがある」

この本を手にしたみなさんとも、その感覚を少しでもわかち合うことができればうれしいです。そして将来、もしも会社員になったなら、あるいは会社員でなくてもなんらかの職業についたなら、みなさんもぜひかっこいい一面を発揮して、仲間といっしょに何かに挑戦《ちょうせん》し、そんな自分を少し誇《ほこ》らしく感じてくれるとよいな、と思っています。

『会社で働く』というこの本が完成するまでには、ぺりかん社編集部の中川和美さんや、デザイナーの近田宏生さん、イラストレーターのカモさん、山本州さん、校正や印刷を担当してくださった方々、そして職種調べのための追加取材にご協力いただいた友人・知人のみなさんなど、たくさんの方にお力添《ちからぞ》えをいただきました。この場を借りてお礼申し上げます。ありがとうございました。

松井大助

[著者紹介]

松井大助（まつい だいすけ）

1976年生まれ。編集プロダクションを経て、フリーランスのライターとして独立。企業や官公庁の事務職・技術職から、教育、医療、福祉、法律、会計などの資格職まで、世の中のさまざまな職業を取材。主な著書に『会社のしごと』『空港で働く』『工場で働くたち』『学校で働く人たち』『看護学部・保健医療学部』（以上、ぺりかん社）、『自動車の仕事大研究』（産学社）などがある。学校での児童・生徒向けの講演活動にも従事。

会社《かいしゃ》で働《はたら》く—製品開発《せいひんかいはつ》ストーリーから職種《しょくしゅ》を学《まな》ぶ！

2021年5月10日　初版第1刷発行

著　者　松井大助
発行者　廣嶋武人
発行所　株式会社ぺりかん社
〒113-0033　東京都文京区本郷1-28-36
TEL 03-3814-8515（営業）
03-3814-8732（編集）
http://www.perikansha.co.jp/
印刷所　大盛印刷株式会社
製本所　鶴亀製本株式会社

ISBN978-4-8315-1587-2　Printed in Japan

＊「なるにはBOOKS」シリーズは重版の際、最新の情報をもとに、データを更新しています。

【なるにはBOOKS】
税別価格 1170円〜1600円

❶——パイロット
❷——客室乗務員
❸——ファッションデザイナー
❹——冒険家
❺——美容師・理容師
❻——アナウンサー
❼——マンガ家
❽——船長・機関長
❾——映画監督
❿——通訳者・通訳ガイド
⓫——グラフィックデザイナー
⓬——医師
⓭——看護師
⓮——料理人
⓯——俳優
⓰——保育士
⓱——ジャーナリスト
⓲——エンジニア
⓳——司書
⓴——国家公務員
21——弁護士
22——工芸家
23——外交官
24——コンピュータ技術者
25——自動車整備士
26——鉄道員
27——学術研究者(人文・社会科学系)
28——公認会計士
29——小学校教諭
30——音楽家
31——フォトグラファー
32——建築技術者
33——作家
34——管理栄養士・栄養士
35——販売員・ファッションアドバイザー
36——政治家
37——環境スペシャリスト
38——印刷技術者
39——美術家
40——弁理士
41——編集者
42——陶芸家
43——秘書
44——商社マン
45——漁師
46——農業者
47——歯科衛生士・歯科技工士
48——警察官
49——伝統芸能家
50——鍼灸師・マッサージ師
51——青年海外協力隊員
52——広告マン
53——声優
54——スタイリスト
55——不動産鑑定士・宅地建物取引主任者
56——幼稚園教諭
57——ツアーコンダクター
58——薬剤師
59——インテリアコーディネーター
60——スポーツインストラクター
61——社会福祉士・精神保健福祉士
62——中小企業診断士
63——社会保険労務士
64——旅行業務取扱管理者
65——地方公務員
66——特別支援学校教諭
67——理学療法士
68——獣医師
69——インダストリアルデザイナー
70——グリーンコーディネーター
71——映像技術者
72——棋士
73——自然保護レンジャー
74——力士
75——宗教家
76——CGクリエータ
77——サイエンティスト
78——イベントプロデューサー
79——パン屋さん
80——翻訳家
81——臨床心理士
82——モデル
83——国際公務員
84——日本語教師
85——落語家
86——歯科医師
87——ホテルマン
88——消防官
89——中学校・高校教師
90——動物看護師
91——ドッグトレーナー・犬の訓練士
92——動物園飼育員・水族館飼育員
93——フードコーディネーター
94——シナリオライター・放送作家
95——ソムリエ・バーテンダー
96——お笑いタレント
97——作業療法士
98——通関士
99——杜氏
100——介護福祉士
101——ゲームクリエータ
102——マルチメディアクリエータ
103——ウェブクリエータ
104——花屋さん
105——保健師・養護教諭
106——税理士
107——司法書士
108——行政書士
109——宇宙飛行士
110——学芸員
111——アニメクリエータ
112——臨床検査技師
113——言語聴覚士
114——自衛官
115——ダンサー
116——ジョッキー・調教師
117——プロゴルファー
118——カフェオーナー・カフェスタッフ・バリスタ
119——イラストレーター
120——プロサッカー選手
121——海上保安官
122——競輪選手
123——建築家
124——おもちゃクリエータ
125——音響技術者
126——ロボット技術者
127——ブライダルコーディネーター
128——ミュージシャン
129——ケアマネジャー
130——検察官
131——レーシングドライバー
132——裁判官
133——プロ野球選手
134——パティシエ
135——ライター
136——トリマー
137——ネイリスト
138——社会起業家
139——絵本作家
140——銀行員
141——警備員・セキュリティスタッフ
142——観光ガイド
143——理系学術研究者
144——気象予報士・予報官
145——ビルメンテナンススタッフ
146——義肢装具士
147——助産師
148——グランドスタッフ
149——診療放射線技師
150——視能訓練士
151——バイオ技術者・研究者
152——救急救命士
153——臨床工学技士
154——講談師・浪曲師
155——AIエンジニア
補巻21 医薬品業界で働く
補巻22 スポーツで働く
補巻23 証券・保険業界で働く
補巻24 福祉業界で働く
補巻25 教育業界で働く
補巻26 ゲーム業界で働く
別巻 学校図書館はカラフルな学びの場
別巻 東京物語散歩100
別巻 学校司書と学ぶレポート・論文作成ガイド
別巻 ミュージアムを知ろう
別巻 もっとある!小中高生におすすめの本220
別巻 中高生からの防犯
学部調べ 看護学部・保健医療学部
学部調べ 理学部・理工学部
学部調べ 社会学部・観光学部
学部調べ 文学部
学部調べ 工学部
学部調べ 法学部
学部調べ 教育学部
学部調べ 医学部
学部調べ 経営学部・商学部
学部調べ 獣医学部
学部調べ 栄養学部
学部調べ 外国語学部
学部調べ 環境学部
学部調べ 教養学部
学部調べ 薬学部
学部調べ 国際学部

※一部品切・改訂中です。 2021.03.